KV-192-073

SELECCION-ESPAÑA

Programas y lecturas de comprensión

Libro del estudiante

DERRICK MACKERETH B.A. (Leeds), B.A. (London)
Director of the Languages Faculty, Morecambe High School; ex-Chairman of Item-writers of 'O' level Spanish, Joint Matriculation Board; member of Item-writers' Panel for J.M.B. 'A' level Spanish.

A. ANTONY HEATHCOTE, M.A. (Manchester)
Senior Lecturer in Spanish, University of Sheffield; Chairman of Examiners in Spanish (Advanced), Joint Matriculation Board; Chairman of Item-writers for 'A' level Spanish, Joint Matriculation Board.

HARRAP   LONDON

First published in Great Britain 1980
by George G. Harrap & Co. Ltd
182–184 High Holborn, London WC1V 7AX

© J. D. Mackereth and A. A. Heathcote 1980

*All rights reserved. No part of this publication may be reproduced in any form or
by any means without the prior permission of George G. Harrap & Co. Ltd*

ISBN 0 245 53372 9

Phototypeset by Trident Graphics Limited, Reigate, Surrey
Printed in Great Britain by J. W. Arrowsmith Ltd., Bristol

SELECCION-ESPAÑA

Libro del estudiante

PUBLISHER'S NOTE

This book should be used in conjunction with the *Libro del profesor*, which contains the texts of the recorded listening tests and the correct answers to all the tests, and with the tapes containing the spoken listening material and the related questions.

ACKNOWLEDGMENTS

Our thanks are due to the following for permission to reproduce copyright material:
El Correo Catalán (pp. 11, 12); *El Mundo Deportivo* (p. 12); *Lecturas* (p. 14); *ABC* (pp. 20, 27, 28, 49, 50, 56, 57); Sra Da Pilar de la Rocha Nogués (p. 30); *Sábado Gráfico* (pp. 32, 40, 66, 74, 83); *La Actualidad Española* (p. 37); *Cuadernos para el Diálogo* (pp. 41, 46, 51, 52, 58); Editorial Planeta (p. 44); Marvel Comics (pp. 48, 55); *Semana* (pp. 9, 10, 17, 18, 26, 63, 69, 70, 77, 78).

No reply was received from the copyright holders of other articles reproduced in this book.

Advice to the Student

In each of the following listening and reading tests you are provided with four possible answers for each question. You must show your choice by marking A, B, C or D. Your teacher may have his own method, but the usual method is to strike through the letter you choose on the answer sheet:

e.g. A B C̶ D

Do not be hasty. Look carefully at *all* four choices before making a decision. Even if A, for example, *looks* possible, D may well be the most suitable answer in this context.

Do not look for 'patterns' in the letters. There is no definite sequence. It is quite possible for a letter to be correct three or four times running.

Do try to get a good general idea of what each passage is about *before* looking at the questions and possible answers. You should study a full-length passage for about five minutes before attempting to choose your answers.

Learn from your mistakes, noting down useful vocabulary. A similar item might well come up again in the next test.

Above all, keep calm, planning the timing carefully in the Reading Test in particular. A good rule of thumb is one minute per question and five minutes per full-length passage, i.e. some forty minutes per Reading Test. In listening a good tip to close your eyes while the tape is playing; it is often fatal to try to read options at the same time as you listen, like reading a novel and listening to a radio play at the same time.

Do not guess unless absolutely bewildered. Guesswork will get some answers right, but not enough to do you a lot of good. If necessary, you can often work out answers by eliminating the ones you know to be *in*correct. You will need to have known a considerable amount of Spanish to do this, and it is rare that your guess will be a wild one. At least you can reduce the odds against you on a difficult question!

PART ONE

Reading Comprehension

PRIMERA LECTURA

Primera Parte

Humor

1. *El marido tiene la idea de que ahora él*
   A   podrá echar fuera a su esposa.
   B   será rico con lo que ganen juntos.
   C   tendrá que trabajar con su esposa.
   D   podrá dejar de salir a trabajar.

—¡Magnífico, querida! Así que te han dado el empleo, ¿eh? Entonces... ¿Puedo hacer que me echen del mío?

(Semana)

2. *El niño dice a su amiguita que*
   A   no pesa bastante.
   B   le gusta más que nunca.
   C   no le dé calabazas.
   D   le saca de quicio.

—No te aguanto, pesada. No podría estar más harto de ti de lo que estoy... ¡Ni siquiera aunque estuviéramos casados!

(Semana)

ANUNCIOS POR PALABRAS

Bolsa del Trabajo

Demandas

3. *Restaurante de prestigio . . . cocinero. Cardenal Casanova, 15.*
   A   sobra
   B   falta
   C   se ofrece
   D   encuentra

4. *Pizzería necesita ayudante de cocina y fregaplatos, sueldos* ... *según aptitudes. Interesados llamar T 218 20 64.*
   A   miserables
   B   a domicilio
   C   a convenir
   D   económicos

5. *15.000 pts. chica fija para matrimonio solo, sepa cocina.* ... *9 a 10 mañana en c. Valencia 175.*
   A   presentarse
   B   horario
   C   sueldo
   D   llamar

Ofertas

6. *Pinte y empapele su piso o despacho en cómodos* ... *o al contado. Presupuestos sin compromiso. T 223 97 70.*
   A   colores
   B   plazos
   C   sillones
   D   dormitorios

7. *Gerona, agente comercial* ... *furgón, almacén y solvencia económica, aceptaría representación productos alimenticios. T 203 336.*
   A   sin contar
   B   sin necesidad de
   C   deshaciéndose de
   D   disponiendo de

El Mundo Deportivo

BASKET FEMENINO: EL MEDINA PODRÁ DESAPARECER

El Club Medina de baloncesto femenino, participante en el Campeonato de España de primera división, parece condenado a su desaparición inmediata, ya que a pesar de la proximidad de la temporada las jugadoras no han recibido ningún comunicado del club y muchas de ellas es posible que firmen licencia federativa con otros clubs.

El problema radica en el elevado presupuesto y en la carencia de una empresa comercial leridana que respalde el club.

El Correo Catalán 5 de agosto de 1977

8. *¿Cómo se sabe que el club está a punto de cerrarse?*
   A Las jugadoras ya han fichado por otros equipos.
   B Se acerca la temporada.
   C El club acaba de participar en el campeonato.
   D El club no se ha puesto en contacto con sus miembros.

9. *El club no puede sobrevivir porque*
   A el equipo no tiene tanta fuerza como se le suponía.
   B le hace falta patrocinio local.
   C necesita conocimientos comerciales.
   D el equipo carece de talento.

TENIS: ORANTES, 2 VICTORIAS EN UN DÍA

El español Manuel Orantes, tras su decepcionante papel en el encuentro Italia-España en la Copa Davis, ha vencido por partida doble en las dos primeras rondas del torneo de tenis internacional Volvo, que se disputa en la ciudad norteamericana de North Conway. En el partido disputado a primeras horas de la mañana, el granadino venció al australiano, John Bartlett, sin dificultades, por el tanteo de 6–1, 6–1. En la segunda ronda del torneo, disputada a última hora de la tarde, Orantes batió al francés Caujolle por el resultado de 7–6, 6–0.

El Correo Catalán 5 de agosto de 1977

10. *¿Cuál es el efecto de estas victorias de Orantes?*
    A Confirman su forma contra los italianos.
    B Compensan los fracasos de la Copa Davis.
    C Se muestra invencible en los dobles.
    D Pasa a la segunda ronda.

11. *¿Quién ganó más juegos contra el granadino?*
    A El jugador francés.
    B Manuel Orantes.
    C El norteamericano.
    D John Bartlett.

FÚTBOL: BREITNER JUGARÁ EN MADRID

El ex-jugador madridista Paul Breitner será alineado el próximo miércoles frente al Real Madrid a pesar de la lesión que sufrió ayer en partido de Copa. Así lo manifestó hoy el Presidente del Eintracht, Ernst Fricke, quien espera que el encontronazo sufrido por el futbolista en los diez minutos finales del partido contra el Kickers de Stuttgart no le impedirá aparecer el miércoles en Madrid.

El Mundo Deportivo 22 de agosto de 1977

12. *¿Con qué equipo juega ahora el jugador alemán?*
    A   El Real Madrid.
    B   Alemania Occidental.
    C   El Eintracht.
    D   El Kickers de Stuttgart.

13. *¿Hay alguna duda acerca de su aparición?*
    A   No, porque el Presidente acaba de confirmarla.
    B   No, porque va a encontrarse con el Presidente.
    C   Sí, porque está recién lesionado.
    D   Sí, porque va a alinearse frente al Kickers.

SELECCION-ESPAÑA

Segunda Parte

Belleza y salud

A la hora de comprar productos de belleza hay que tener cuidado, no gastar demasiado y lo que gaste, sepa en qué lo gasta. Otro consejo: no se deje deslumbrar por unos envases extremadamente selectos como contenedores de su crema de noche, de las sales de baño o del desodorante; estos envases pueden no significar nada en cuanto a su contenido y calidad. En muchos casos un envase «elegante» encarece el producto que se adquiere sin aumentar por ello la calidad de la crema, tónico o lo que sea.

Otra cosa quizá diferente, pero no tanto, a no olvidar y que me imagino que quizás algunas de ustedes descuidan un tanto es: limpiarse bien el rostro por las noches para poder dormir tranquilamente y en plena libertad. 'Se debe ir a la cama con el rostro muy limpio, tonificado y con una buena crema de noche, ante todo para reposar bien y después para salvar la propia piel a la vista de los años por venir', dicen los especialistas. Es muy sencillo. Para estar en forma a la hora de levantarse por la mañana, hay que estar en forma a la hora de acostarse. Es imprescindible:

(a) Usar una buena leche de belleza que sea detergente.

(b) Usar después de la leche, un tónico refrescante, siempre eficaz.

(c) Y usar una crema de noche que dé vida a su rostro. Eso es todo.

Lecturas 19 de agosto de 1977

14. *¿Cuál es el primer consejo respecto a la compra de productos de belleza?*
A   Hace falta un no sé qué de afectado.
B   Es preciso gastar un dineral.
C   Hay que saber lo que se hace.
D   Un buen envase es imprescindible.

15. *Hay que tener mucho ojo con los envases*
A   porque a veces son muy elegantes.
B   porque suelen hacer más caro el producto.
C   porque hay que mejorar las cremas.
D   porque nos dicen mucho de la calidad.

16. *¿Qué hay que hacer antes de acostarse?*
A   Reposar bien.
B   Beber una tónica.
C   Ponerse una crema.
D   Quitarse la crema.

14

17. *¿Cuál es objetivo inmediato?*
    A   Prepararse para los años venideros.
    B   Comprar artículos de piel.
    C   Dormir profundamente.
    D   Proteger los ojos.

18. *Y en el futuro, ¿qué hay que hacer?*
    A   Conservar la belleza del cutis.
    B   Especializarse en maquillaje.
    C   Salvarse la vida.
    D   Seguir una vida más sencilla.

19. *Según el artículo, seguir la recomendación es*
    A   esencial. *(synonym of "imprescindible")*
    B   loable.
    C   tontería.
    D   prudente.

20. *¿Cuál es el efecto del tónico?*
    A   Apaga la sed.
    B   Es un refresco.
    C   Tiene buen tono.
    D   Entona el cutis.

Horóscopo

fin de semana   **horóscopo**

EL ZODIACO, EN DIRECTO

La semana astral

¡Feliz cumpleaños a los que lo celebren por estas fechas! Nativos y nativas de Leo, que los astros os sean favorables.

Evita todo tipo de mariposeo; es mejor que actués con seguridad en ti mismo, con sentimiento y seguro de que lo que sientes es auténtico y real, de lo contrario él o ella dudarán de tu estado interno.

En general, regular. ¡Cálmate! Evita atmósferas recargadas o polucionadas por el humo.

Es buen momento para realizar ahorros importantes o para recuperar dinero prestado o invertido. Procura controlar los gastos de tu socio o cónyuge.

De aspecto variable por lo general. Déjate llevar por los consejos de las personas que colaboren contigo.

21. *A los que celebren su cumpleaños esta semana, el astrólogo*
   A   les da los buenos días.
   B   les hace un favor.
   C   les hace un horóscopo.
   D   les recuerda la fecha.

22. *En cuestiones amorosas esta semana más vale*
   A   ser sentimentales.
   B   dudar de los demás.
   C   imitar la mariposa.
   D   ser sinceros.

23. *En cuanto a la salud, hay que*
   A   tranquilizarse y fumar menos.
   B   tomarlo con calma en un ambiente limpio.
   C   tener la regularidad de una máquina.
   D   tomarse un calmante contra el humo.

24. *En términos financieros, los lectores han de*
   A   darse cuenta de lo que se les debe.
   B   obtener los bienes de colegas y esposas.
   C   examinar sus finanzas.
   D   legar sus bienes a su familia y a sus amigos.

25. *Para evitar la mala suerte, sería mejor*
   A   consultar a sus colegas.
   B   rechazar consejos ajenos.
   C   dar consejos a sus colegas.
   D   variar de opinión.

SEGUNDA LECTURA

Primera Parte
Humor

1. *El jefe dice que la candidata queda admitida por*
   A   ser más guapa que las demás.
   B   haber mentido las otras.
   C   ser una aficionada suya.
   D   haber revelado muchas cualidades deseables.

(Semana)

—Señorita, de sus respuestas se deduce que es usted impuntual, charlatana y aficionada a perder el tiempo. ¡Y también la única persona sincera que ha pasado por aquí; el empleo es suyo!

2. *Según lo que dice el hijo, las conversaciones de los 'seres civilizados' suelen ser de carácter*

  A estridente.
  B razonable.
  C aburrido.
  D pacífico.

—¿Qué, hablamos como dos personas o nos liamos a chillar y discutir como si fuéramos seres civilizados?

El Mundo de la Publicidad

3. *Un magnífico Sundat 120 ha correspondido esta semana a Dña. Catalina Soler de Palma de Mallorca. ¡Todavía hay tiempo! . . . aún por sortear 200 coches.*
   A   Hacen falta
   B   Sobran
   C   Quedan
   D   Hace buen tiempo

4. *¡Todos los muebles en oferta! Lo importante es . . ., incluso los muebles más modernos, para dejar espacio para las obras. Aprovéchelo.*
   A   comprar
   B   el salón
   C   el precio
   D   liquidar

5. *Si quiere asegurarse por sí misma de cómo actúa Crema Delicias, . . . su dirección y le enviaremos gratuitamente nuestro tamaño de prueba.*
   A   mándenos
   B   pídanos
   C   cambie Vd.
   D   tome Vd.

6. *Hacer nata en casa, ya no es problema: . . . cinco minutos. Basta con un paquete de Chantilly Imperial y un poco de leche fría. Y ya está.*
   A   cada
   B   cuenta
   C   se tarda
   D   por lo menos

7. *Su TV color. Disfrútelo hoy y empiece a pagarlo . . . 30 días. Comprueba esta oferta de Sonatel.*
   A   para
   B   por
   C   entre
   D   a los

Información Internacional

Iberoamérica

Panamá Dentro del tema del nuevo Tratado sobre el Canal entre Estados Unidos y Panamá, los negociadores de ambos países están estudiando la posibilidad de que en 1990 revierta totalmente a Panamá la administración de la vía, y en el año 2000 la defensa de la misma.

Hasta ahora en Panamá siempre se había hablado de que este país quería recuperar el total control de su jurisdicción y soberanía sobre la zona y el Canal antes del año 2000, límite que se tomaba al tiempo como máximo para Panamá y mínimo para Estados Unidos. Se comentó que posiblemente Estados Unidos esté dispuesto a acceder el control del Canal a Panamá en fecha más próxima a cambio de que este país amplíe el plazo y la garantía de la neutralidad y la defensa de la vía, una vez expire el Tratado que se negocia.

ABC 7 de abril de 1977

8. *¿Qué es lo que quieren hacer actualmente los negociadores?* `
   A   Estudiar otras posibilidades.
   B   Cambiar la administración del Canal.
   C   Llegar a un nuevo acuerdo.
   D   Asegurar la defensa de la vía.

9. *Según las últimas negociaciones, ¿cuándo va Panamá a tomar sobre sí la defensa del Canal?*
   A   A principios del siglo próximo.
   B   Algunos años antes del año dos mil.
   C   Al firmarse el nuevo Tratado.
   D   Antes de hacerse cargo de la administración.

10. *¿Bajo qué condiciones hará concesiones el gobierno norteamericano?*
    A   Si Panamá está dispuesto a aliarse con los países neutrales.
    B   Si Panamá puede dar ciertas garantías.
    C   Si Estados Unidos está dispuesto a negociar otro Tratado.
    D   Si Estados Unidos puede defender el Canal.

Buenos Aires Menuda polvareda se levantó con las noticias, más o menos confirmadas, del incremento de las tarifas del transporte de pasajeros por automotor. Este incremento se fijaba entre un 25 y un 30 por 100, aproximadamente. También se incrementaba el valor de la ficha para viajes en el Metro. Ante la enojosa impresión que este inminente aumento ha producido en el público hubo cierta rectificación, al afirmarse oficialmente que las nuevas tarifas para el transporte aún no habían sido adoptadas, por lo menos al nivel del poder ejecutivo, no obstante lo cual los aumentos habrán de producirse inevitablemente. 'Reconozco un alto grado de verosimilitud en lo difundido – dijo el secretario de Programación y Coordinación Económica –, pero hasta el momento no hay una decisión final. Se trata solamente, señores, de una filtración informativa, ya que sólo tres o cuatro personas conocian esa información.

ABC 7 de abril de 1977

11. *¿Qué efecto produjo el rumor concerniente el aumento de precios de transporte?*
A   Se decía que esto pasaba muy a menudo.
B   Era un caso de "Mucho humo, pocas nueces".
C   Se armó un escándalo.
D   La gente se encogió de hombros.

12. *¿Cuál fue la reacción de las autoridades?*
A   Se negaron a hacer ningún comentario.
B   Confirmaron el aumento.
C   Cambiaron de opinión.
D   Buscaron evasivas.

13. *¿Qué aclaración ofreció el portavoz del gobierno?*
A   Todavía no se había formado un juicio definitivo.
B   Era una tempestad en un vaso de agua.
C   Era un cuento inverosímil.
D   Todo era de lo más secreto.

Segunda Parte

SECUESTRO EN CANARIAS

El industrial grancanario de sesenta y cinco años de edad, Eufemiano Fuentes Díaz, fue despertado por un susurro a las cuatro y media de la mañana del miércoles, 2 de junio. 'Don Eufemiano, levántese – le decía una figura desde la puerta del dormitorio –. No encienda la luz y no haga tonterías; venimos a secuestrarle'.

La esposa del industrial, Teresa Naranjo, se despertó a tiempo de ver que el hombre encapuchado, que hablaba con acento inconfundiblemente canario, encendía una linterna. 'Les voy a llevar a los dos', anunció, tras asegurar que iba armado. Pero Eufemiano Fuentes, cuyo estado físico es excelente – no aparenta más de cincuenta años – logró convencerle de que le secuestrara a él solo. Una hora después de que Fuentes desapareciera, ya se había montado un control en el aeropuerto de esta isla canaria y comenzaban a recogerse las versiones de varios testigos. Uno de estos, Francisco Martín, concesionario de basuras del pueblo más próximo, iba a recoger a dos peones cuando, al pasar por delante de la finca, se cruzó con el Cadillac que salía. 'Pudimos ver cómo el coche americano de don Eufemiano estaba allí en la puerta de la finca y cómo una persona en bata entraba en ese momento por la puerta delantera derecha del automóvil. Poco después, cuando ya había remontado la casa, pude ver cómo el coche se dirigía en dirección contraria a la mía y a mucha velocidad'.

Una nota que se había dejado en la biblioteca de la casa de la víctima pedía novecientos mil dólares de rescate y señalaba que la cantidad debería de destinarse 'al movimiento de liberación de Canarias'. Al día siguiente, sin embargo, la Policía seguía considerando la posibilidad de un móvil puramente económico.

Cambio 16 14 de junio de 1976

14. *¿Qué cortó el sueño a la víctima?*
  A El reloj, dando la hora.
  B La mujer de don Eufemiano, despertándole.
  C El secuestrador, levantando la voz.
  D El secuestrador, hablando en voz baja.

15. *El secuestrador quería que don Eufemiano*
  A encendiese la luz.
  B conservase la tranquilidad.
  C fuese a la cama.
  D hiciese el tonto.

16. *¿Qué consiguió hacer don Eufemiano?*
   A   Que a su mujer la dejasen en paz.
   B   Que a él le dejasen solo.
   C   Convencer al secuestrador que abandonase sus armas.
   D   Convencer al secuestrador que no le separase de su mujer.

17. *¿Qué hicieron las autoridades después del atentado?*
   A   Detuvieron a varios testigos.
   B   Intentaron impedir a los secuestradores salir de la isla.
   C   Montaron un control de la circulación.
   D   Cerraron el aeropuerto.

18. *El testigo estaba cerca de la finca porque*
   A   estaban en huelga sus obreros.
   B   era basurero de profesión.
   C   trabajaba en la finca.
   D   iba a llevar a sus obreros a su trabajo.

19. *¿Qué vio Francisco Martín?*
   A   Un coche americano que daba marcha atrás.
   B   La fuga del secuestrador con su víctima.
   C   A la mujer del industrial que entraba en el coche.
   D   Al industrial que salía de la puerta de la casa.

20. *Según la Policía, ¿cuál puede haber sido el motivo del secuestro?*
   A   La liberación de las Islas Canarias.
   B   900.000 dólares de renta.
   C   Simplemente un robo.
   D   La economía de las islas.

UN NUEVO SERVICIO DE RENFE

Lea usted con cuidado el anuncio entero, luego haga usted el papel de un empleado de RENFE que contesta a las preguntas de unos viajeros.

EL TREN SANTS-AEROPUERTO SUSTITUYE A LOS AUTOBUSES DE IBERIA

A partir del día 1 de Octubre
Cada 15 minutos, servicio de trenes directos desde la Estación de Sants (Infanta Carlota-Numancia) al Aeropuerto, y viceversa.

Horario
Salidas de la Estación de Sants (Infanta Carlota-Numancia), desde las 6,00 h. hasta las 22,45 h. Salidas del Aeropuerto, desde las 6,30 h. hasta las 23,15 h.

Sants (Infanta Carlota-Numancia)
La Estación de Sants, que será una de las más modernas de Europa, posee instalaciones exclusivas para el servicio al Aeropuerto. Dispone de aparcamiento y servicio de taxis. Está comunicada con las líneas de Autobuses n.° 43 y 27, además del Metro de la Línea III (Avda. Roma).

Estación del Aeropuerto
El tren cubre su recorrido hasta el Aeropuerto en sólo 11 minutos y la terminal Renfe se comunica con las dependencias de viajeros del Aeropuerto mediante un tapiz rodante cubierto.

Correspondencia con otras Estaciones
Los billetes con destino al Aeropuerto pueden también obtenerse en cualquier Estación Renfe de Barcelona-Ciudad. A su vez, los expendidos en el Aeropuerto son válidos para viajar a cualquier Estación Renfe en Barcelona, haciendo el oportuno transbordo en Sants. El precio del billete es de 30 ptas.

 RENFE   **Un nuevo servicio rápido de Renfe**

---

21. *Si llego a Sants a medianoche, ¿cómo voy al aeropuerto?*
    A   Hay un aparcamiento.
    B   Hay muchos trenes directos.
    C   Hay servicio de taxis.
    D   Hay un tapiz rodante cubierto.

22. *Si tomo el tren que sale de Sants a las siete de la mañana, ¿a qué hora llego al aeropuerto?*
    A   A las siete y media.
    B   A las siete y once.
    C   A las siete y cuarto.
    D   A las siete y veintidós.

23. *¿Dónde puedo descansar al llegar al aeropuerto?*
    A   Hay dependencias de viajeros.
    B   Hay un tapiz rodante.
    C   En las instalaciones de Sants.
    D   En la terminal RENFE.

24. *Quiero ir al centro de la ciudad después de salir del aeropuerto. ¿Es directo el tren?*
    A   Sí, con tal que viaje a una estación RENFE.
    B   Sí, los hay directos todos los cuartos de hora.
    C   No, tiene que ir primero a la terminal RENFE.
    D   No, hay que hacer transbordo en Sants.

25. *Antes de tomar el tren que sale del aeropuerto, ¿dónde compro los billetes?*
    A   En la terminal RENFE.
    B   En cualquier estación.
    C   En el tren mismo.
    D   En la Estación de Sants.

TERCERA LECTURA

Primera Parte

Humor

—¡Estas cosas me —1— por no leer la letra pequeña en —2—!

—Esté tranquilo, el día del —3—, pase lo que —4—,
le garantizo que no se agachará.

1. A divierten
   B enfadan
   C pasan
   D pesan

2. A los contratos
   B los guiones
   C los subtítulos
   D los programas

3. A asesino
   B accidente
   C estreno
   D público

4. A diga
   B pase
   C haga
   D salga

Sucesos y Reportajes:

Noticias de Todas las Regiones

Valencia El timo del excarcelado está proliferando estos días en Valencia, con motivo de las frecuentes noticias de salidas de presos por amnistía o indulto. Al parecer hay alguna persona que busca en la guía telefónica un apellido vasco. Después llama y dice que es un vascuence que estaba en la cárcel por motivos laborales, no políticos, que ha sido puesto en libertad y no tiene dinero para regresar a su casa. El engaño se ha podido conocer gracias a que se sabía que en Valencia no había sido excarcelado ningún preso vasco, y que cualquier preso que sale a la calle está dotado de medios para regresar a su domicilio.

ABC 14 de abril de 1977

5. *Ahora se oye hablar mucho de los que salen libres de las cárceles y por eso*
   A   los excarcelados invaden a Valencia.
   B   son más frecuentes los delitos.
   C   se les engaña a los incautos.
   D   los excarcelados figuran mucho en los periódicos.

6. *¿Cuál es el primer paso del maleante?*
   A   Sale de la cárcel.
   B   Adopta un apellido vasco.
   C   Dice que no tiene fondos.
   D   Consulta la guía telefónica.

7. *El timador ha sido desenmascarado porque*
   A   en la cárcel no había vascos.
   B   no tenía dinero.
   C   no se ha liberado vasco alguno.
   D   se le conocía en Valencia.

Avilés 'Peligro de muerte', ésa es la señal de tráfico – calavera incluida – que, a este paso, habrá que colocar en el cruce de La Marganiella en Trasona. A la large lista de accidentes ocurridos en este punto, hay que añadir la muerte de un niño de 6 años sucedida hace días.

El caso es que, por si fuera poca la peligrosidad que entraña para los peatones dicho cruce, la señalización del mismo favorece los accidentes. Unos cien metros antes de dicho cruce, en dirección a Avilés, hay una señal que marca el fin de la prohibición de adelantamiento; cuarenta metros después se indica el fin de la limitación de velocidad a 60 kilómetros por hora. ¿Cabe mayor disparate?

SELECCION-ESPAÑA

Una de las muchas soluciones que podrían abordarse para la tranquilidad de los peatones de la zona sería el prolongar el puente que atraviesa la autopista. Todo con tal de no poner en peligro más vidas.

Asturias Semanal 2 de abril de 1977

8. *El cruce de La Marganiella es notorio porque*
A se ha puesto alli una señal de 'Peligro de muerte'.
B murió un niño de seis años.
C ha habido allí muchos accidentes.
D hay siempre mucha circulación.

9. *Las señales de tráfico contribuyen a la lista de accidentes*
A porque dejan confusos a los peatones.
B porque invitan a los conductores a ir más de prisa.
C porque los peatones corren mucho riesgo.
D porque la señalización es muy obvia.

10. *¿Qué es lo que hay que evitar?*
A Más accidentes.
B Más peatones.
C Cruzar la autopista.
D Solucionar el problema.

Tarragona Dos tractores con remolque, cargados con diez toneladas de patatas, conducidos y acompañados por los agricultores de la región circundante, han iniciado en la Rambla del Generalísimo de esta ciudad un reparto gratuito de patatas a los viandantes. Al entregar las bolsas de patatas, los agricultores distribuían también unas octavillas en las que explicaban su postura. 'Producir un kilo de patatas – decían las notas – cuesta 11 pesetas. Ahora nos las pagan a seis y vosotros tenéis que comprarlas al precio que todos sabéis. Antes de cobrarlas a este precio ruinoso, os las regalamos'. Con respecto al precio actual de la patata temprana, se hace constar que en Tarragona se vende en los mercados a 24 pesetas el kilogramo.

ABC 19 de mayo de 1977

11. *¿A quiénes han distribuido las patatas?*
A A los agricultores de la región.
B A los transeúntes de Tarragona.
C A los comerciantes tarraconenses.
D A los que acompañaban a los tractores.

12. *¿En qué se basa la protesta de los campesinos?*
 A Pierden cinco pesetas por kilo.
 B El consumidor no quiere pagar precios elevados.
 C El público paga precios ruinosos.
 D Ganan sólo cinco pesetas al kilo.

13. *¿Cuál es la diferencia entre el coste por kilo de producción y el precio en el mercado?*
 A Cinco pesetas.
 B Dieciocho pesetas.
 C Veinticuatro pesetas.
 D Trece pesetas.

SELECCION-ESPAÑA

Segunda Parte

FRANCO Y MARRUECOS

4 de diciembre, 1956

Hoy cumple el Generalísimo sesenta y cuatro años y con ese motivo he ido al Pardo a felicitarle. Hemos hablado de muchos asuntos de actualidad, entre ellos de Marruecos, que es un tema que el Generalísimo tiene siempre en el pensamiento. Franco me dice: *'No olvido la actitud de los marroquíes cuando nuestra cruzada; estuvieron al lado del Movimiento militar al iniciarse éste, y lo mismo en el transcurso de la guerra, cuando se presentaron voluntarios a reemplazar a los que habían muerto, incluso de la zona francesa'.* A Franco entonces le admiraban los moros y sentían por él idolatría. *'Toda esa masa de guerreros* – dice el Caudillo – *no tomó parte en la independencia, que fue trabajada por los intelectuales de las poblaciones y la juventud de las mismas, que anhelaban gobernarse por sí mismos. El moro del campo era fanático en materia de religión, por lo que odiaba a los rojos que no creían en Dios. La conducta de Francia prescindiendo del Sultán legítimo ha contribuido a que la independencia fuese bien acogida por Marruecos entero, tanto el de una zona como el de la otra. Además, Francia hizo esto sin consultarnos, y de ahí el gran resentimiento de Valiño, que realizó una política en contra de los intereses de nuestros vecinos y que repercutió como es natural en el apresuramiento de obtener la independencia conseguida prematuramente'.*

Francisco Franco Salgado-Araujo, *Mis conversaciones privadas con Franco*
(Madrid, 1977)

14. *Franco y el escritor han discutido*
    A sólo la cuestión de Marruecos.
    B cosas de todos los días.
    C problemas contemporáneos.
    D lo de siempre.

15. *¿Cómo se portaron los moros durante la Guerra Civil?*
    A Estaban destinados a servir en ultramar.
    B Se ofrecieron para sepultar a los caídos.
    C Estaban cubiertos de gloria.
    D Se ofrecieron para servir como refuerzos.

16. *¿Cuál era la actitud de los marroquíes hacia Franco en aquella época?*
    A Le amaban con exceso.
    B Una mezcla de admiración y temor.
    C Una mezcla de pesar y adoración.
    D Le consideraban idólatra.

30

17. *Los campesinos marroquíes detestaban a los republicanos*
    A porque éstos eran religiosos.
    B porque aquéllos eran rojos.
    C por su fanatismo.
    D por su falta de fe.

18. *¿Cuál es la aportación francesa al éxito del movimiento de liberación?*
    A Dieron la bienvenida al Sultán legítimo.
    B Descartaron al verdadero caudillo marroquí.
    C Consultaron a los de ambas zonas.
    D Unieron a todo Marruecos.

19. *Valiño guardaba rencor*
    A a causa de la arbitrariedad de los franceses.
    B a causa de la impaciencia de los marroquíes.
    C porque Franco le atacaba injustificadamente.
    D porque se dio cuenta de sus errores.

VIOLENCIA EN MADRID: JORNADA DE LUCHA EL 1 DE
OCTUBRE

'La convocatoria ha fracasado', dijo Juan José Rosón a los periodistas. 'La jornada ha sido un éxito', manifestaron los representantes de Coordinación Democrática de Madrid-región, que había convocado a una *Jornada de Lucha* para el 1 de octubre, para 'expresar la más firme y serena protesta' por la muerte del joven estudiante, Carlos González.

Se produjeron paros, asambleas, concentraciones de carácter pacífico en su mayor parte durante la mañana. Por la tarde, la situación adquirió un tono verdaderamente violento y salvaje. La Fuerza Pública actuó con todo rigor y sin contemplaciones – de ello, varios periodistas pueden dar fe –, sin llegar a hacer uso de sus armas de fuego. Las acciones más violentas se produjeron a primeras horas de la noche, en la zona de Argüelles-Princesa, tras el funeral que se celebró en la iglesia de la Ciudad Universitaria y al que acudieron alrededor de 50.000 personas. Numerosas lunas de Bancos y otros comercios fueron apedreadas en la Calle Princesa, donde se formaron barricadas con bancos, papeleras y coches. Hacia las once y media de la noche, la calma estaba restablecida, y un cierto sabor amargo embargaba los ánimos de unos y otros por tanta violencia inútil. Trágicamente, muchas personas se preguntaban: '¿Quién será el próximo?'. Hagamos que entre todos no se cumpla este mal nefasto. No más sangre inútil.

Sábado Gráfico 9 de octubre de 1976

20. *Hablando de la 'Jornada de Lucha' Juan José Rosón*
   A   confirmó las pretensiones de los manifestantes.
   B   no quiso discutir el éxito con los periodistas.
   C   pretendió ser él quien la había convocado.
   D   discrepó de lo que pretendían los manifestantes.

21. *Según algunos testigos, las Fuerzas del Orden*
   A   dispararon unas pocas veces.
   B   dispersaron a los periodistas.
   C   llegaron sin armas de fuego.
   D   fueron decididos y algo duros.

22. *Los manifestantes pasaron las primeras horas de la Jornada*
   A   protestando sin acciones violentas.
   B   rechazando los ataques de la oposición.
   C   enfrentándose con la Fuerza Pública.
   D   protestando por el paro nacional.

23. *Al anochecer los manifestantes*
   A   cometieron varios atracos.
   B   destruyeron algunas lunas.
   C   apedrearon al funeral.
   D   se retiraron a la Universidad.

24. *Los manifestantes se sirvieron de coches para*
    A   abrirse camino.
    B   transportar las papeleras.
    C   bloquear una calle.
    D   apedrear varios comercios.

25. *Según el periodista, hacia medianoche muchos de los que asistían empezaron*
    A   a cometer nuevos excesos.
    B   a lamentar los excesos.
    C   a buscar nuevas víctimas.
    d   a dispersarse triunfalmente.

CUARTA LECTURA

Primera Parte

Precio: 7 Ptas. por palabra, con un mínimo de diez palabras. Cuando se hayan de publicar un solo día, el importe por palabra será de 10 Ptas.

1. *Si se quiere poner un anuncio de 20 palabras por un día solamente, ¿cuánto costaría en total?*
   A   200 pesetas.
   B   140 pesetas.
   C   10 pesetas.
   D   7 pesetas.

SE BUSCA MATRIMONIO

CON O SIN HIJOS, PARA MASOVEROS
FINCA CERCA DE TARRAGONA

INTERESADOS LLAMAR AL TELEFONO 21 51 80

2. *¿A quiénes va a interesar este anuncio?*
   A   A los que tengan teléfono.
   B   A los de una agencia matrimonial.
   C   A los que busquen un marido.
   D   A un hombre y su mujer.

UN PEDAZO DE PLAYA

para Vd., en la Costa Dorada

ELIJA SU PARCELA DONDE MAS LE GUSTE

CAMBRILS o AMPOLLA

Aprobadas C.P.U Urbanizadas con todos los servicios.
48 meses facilidades sin interés. Junto ferrocarril, autopista, carretera general y pueblo. ¡¡DECIDASE!!
Información permanente Tel. 977/36 03 22.

---

3. *¿Qué es lo que se ofrece aquí?*
   A Pisos con todos los servicios.
   B Terrenos a orillas del mar.
   C Apartamentos céntricos.
   D Préstamos sin interés.

COMPRAR ES NEGOCIO
EDIFICIO AUGUSTA en
el Centro de Salou. Pisos
de 3 habitaciones, comedor, baño, cocina con barra americana. 1.650.000
pesetas. Cómoda entrada
y el resto a convenir. Informes OROMAR, c/. Bilbao, edificio Santa Rosa.
Tel. 38 02 46 y 38 26 08.
C/. Zaragoza, esquina calle Norte. Tel. 38 14 38, o
en el mismo edificio, calle
Vía Roma, (frente Mercado Municipal).

---

4. *¿Cómo se paga un piso de éstos?*
   A Con dinero americano.
   B Al entrar en el edificio.
   C Sólo es posible alquilarlo.
   D Empezando con un desembolso inicial.

35

SE NECESITAN

socios que aporten capital
en poco tiempo doblarán
su inversión, teniendo su
propio capital en su poder
y con garantía bancaria.
Apartado, de Correos, 519
Absténganse curiosos

---

5. *¿Quiénes serán los que escriban al Apartado 519?*
A Los que se metan donde no los llaman.
B Los que quieran sacar una ganancia rápida.
C Los bancarios.
D Los cautelosos.

¿CUANTO LE RENTA
SU DINERO?

De 3.000 a 7.000 ptas. semanales obtendrá con una inversión de 110.000 a 300.000 ptas. Empresa petroquímica (ramo Automóvil) le montará un sólido negocio. Dedicación: Dos horas semanales DEPESA, Avda. Meridiana, 151, 2.º BARCELONA.

---

6. *¿Cuánto rinde por semana una inversión de trescientas mil pesetas en DEPESA?*
A De tres a siete mil.
B Tres mil.
C Siete mil.
D Ciento diez mil.

7. *¿Qué más hay que ofrecer?*
A Un par de horas a la semana.
B Dedicación plena.
C Un sólido negocio.
D Una empresa petroquímica.

El Mundo de la Publicidad

8. A el apetito
   B los ojos
   C la boca
   D la puerta

9. A dado que
   B con tal que
   C sólo que
   D porque

10. A vaya problema
    B las has sacado
    C qué suerte
    D qué risible

11. A algo menos
    B de todo
    C lo mismo
    D siempre

12. A todos saben que
    B es dudoso que
    C es lástima que
    D nadie diría que

13. A recoger
    B poner
    C comprar
    D sacar

14. A ha adherido
    B estás pasando
    C ha agradecido
    D estás probando

15. A PRUEBAN
    B SACAN
    C FIJAN
    D LAVAN

Segunda Parte

MARBELLA

En estos momentos, Marbella está alcanzando la plenitud de su auge turístico. A pesar de resentidas y torpes campañas de desprestigio, pretendiendo engarzar el prestigio y la solvencia de una zona turística de grandes recursos y reconocidas cualidades a determinado color político identificado con el pasado, es ahora precisamente cuando Marbella empieza a pisar fuerte hacia su indiscutible futuro. Pero, ¿qué tiene Marbella para ser imán irresistible del hombre en vacaciones? Marbella, sin duda, tiene duende. Y junto a ese algo que la hace atractiva, que la hace deseada, como un impulso misterioso, tiene la realidad palpable de su gran infraestructura turística con hoteles de la máxima categoría, enmarcados generalmente en jardines subtropicales de gran atractivo, prodigando por doquier las palmeras, los pinos, la yuca o el eucaliptus.

Marbella es sin duda un lugar predestinado al turismo de calidad. La diversidad de sus verdes y bien cuidados campos de golf, la atención que se presta a las playas, donde se ha realizado una inversión importante para regenerarlas, aumenta su superficie con una arena blanca y de calidad; el atractivo de sus bosques de pinos, por los que es un auténtico placer pasear a caballo; la multitud de piscinas climatizadas; la amplia gama de restaurantes de calidad que ofrecen la más exquisita variedad, dan la idea de esa vocación que Marbella tiene por la calidad.

En el corazón del pueblo, en torno al viejo castillo y a la espadaña de la enorme iglesia, Marbella conserva puro el tipismo de sus calles estrechas, la belleza de sus paredes enjalbegadas, restallantes del blanco de la cal que sólo se ve manchado por el verde y el rojo de las flores, que en tiestos y macetas jalonan las angostas callejas.

Ayer, yo pasé en barco frente a sus costas y vi a Marbella, entre el azul y el infinito, guardada, como a través de los siglos por esa montaña sagrada que se llama Sierra Blanca, que la preserva de los temporales y de los malos vientos. Marbella, entre el azul y el infinito, guardada para la vacación y el descanso de los hombres de mundo. Guardada, para que usted sepa saborearla y quererla como yo.

Sol de España 14 de octubre de 1977

16. *Las campañas recientes han procurado quitarle mérito a Marbella, señalando*
    A   el color político identificado con su pasado.
    B   su prestigio y su solvencia.
    C   sus grandes recursos y reconocidas cualidades.
    D   el indiscutible futuro de la zona.

p. 39 El salario mínimo.

la elevación   — rising

laborales   — of workers

plantear   — to pose
existe en   — exists in
supone   — means

el promedio   — average
mensual

encubrir   — to conceal

la cotización   — contributions,
el dinero   dues

velar   — desir?
DECLANTE   — to prohibit, prevent
la tenora   — mighty, musical
invernir   —
la reclamación   —

                      — to appear, crop up

mejor

Answers

21 C   24 B
22 B   25 A
23 D

Humor

p. 41
1 B
2 A
3 C

17. *Muchos de los hoteles de Marbella*
A   parecen irreales.
B   parecen enormes.
C   están rodeados de una naturaleza exuberante.
D   se encuentran cerca del Jardín Botánico.

18. *Se dice que el pueblo ha gastado mucho dinero en*
A   mejorar las playas.
B   plantar bosques.
C   cultivar sus campos.
D   criar caballos.

19. *La iglesia está rodeada*
A   de tiestos y macetas.
B   del viejo castillo.
C   de calles estrechas.
D   de paredes llenas de colores.

20. *La Sierra Blanca*
A   está en la costa de enfrente.
B   contrasta con el azul.
C   da sombra a Marbella en el estío.
D   abriga a Marbella de la intemperie.

EL SALARIO MÍNIMO

La elevación del salario mínimo español a las 380 pesetas – sin llegar a esas 400 que algunos sectores laborales esperaban –, plantea el problema de lo que sea ser pobre en el mundo contemporáneo, donde el concepto de la pobreza tanto ha cambiado en los países desarrollados. Creo recordar que el salario mínimo francés está en los ocho francos por hora, lo que, con jornada de ocho horas durante cinco días, supone unas 4.500 pesetas semanales, mientras nuestro 'mínimo' – ¡nunca mejor llamado! – se queda en esas 380 pesetas, multiplicadas por siete días, ya que aquí cuentan en el salario mínimo los días festivos, o sea, un promedio de 2.660 pesetas semanales. No tenemos los españoles ni la riqueza ni la renta *per capita* de Francia e injusto sería olvidar que hace poco más de una década el mínimo español era de 60 pesetas diarias.

¿Hasta cuándo va a durar ese 'salario mínimo' que encubre realidades sociológicas más importantes? Unido el salario a la cotización por Seguridad Social, cada aumento de una peseta supone para la Seguridad Social mil millones de pesetas, y tan enorme alimento sobre la economía de las empresas veda remuneraciones más importantes. Delirante sería que la Seguridad Social llegase a ser una

39

rémora para la mejora efectiva de los salarios, pero, por desgracia, así viene sucediendo desde hace mucho tiempo. También en esto parece necesario ponerse a inventar, para salir de contradicciones lamentables. Se ha querido 'proteger' tanto al trabajador, que se ha llegado a olvidar lo más importante, que es pagarle. La paradoja es grave.

Sábado Gráfico 8 de octubre de 1976

21. *El nuevo salario mínimo español*
A será el más bajo de todos los países desarrollados.
B ha satisfecho las reclamaciones sindicales.
C recuerda lo que quiere decir la pobreza actual.
D hará mucho para suprimir la pobreza en España.

22. *Las 380 pesetas a las que se refiere en este artículo es lo que en España se pagará*
A al mes.
B al día.
C por hora.
D por semana.

23. *Aunque parece algo bajo el salario mínimo español, el autor nos recuerda que es importante reconocer que en estos últimos años*
A el costo de vida ha subido menos que en Francia.
B se lo ha aumentado en 60 pesetas.
C sólo acaba de fijarse.
D ha subido mucho.

24. *Para la Seguridad Social, la elevación del salario mínimo quiere decir que*
A a la larga podrá ser abolida.
B se ahorrarán millones de pesetas.
C surgirán otras dificultades económicas.
D tendrán que reducir la cotización.

25. *Una consecuencia paradójica del nuevo salario mínimo será que las remuneraciones de los otros*
A subirán mucho menos.
B subirán aun más.
C tendrán que reducirse.
D tendrán que pagarse.

QUINTA LECTURA

Primera Parte

Humor

Cuadernos

1. A lo divertido
   B lo mismo
   C el consuelo
   D la alegría

2. A estamos dispuestas a
   B tenemos pocas ganas de
   C nos resistiríamos a
   D estamos hartas de

3. A la vida política
   B lo de casarnos
   C las tareas domésticas
   D lo de ser padre

4. A un marido de ésos
   B unos niños semejantes
   C un empleo de ésos
   D unos sueños semejantes

Página del Disco:

Mininoticias

¿Nació una figura? Se emplea con demasiada frecuencia esta frase para enjuiciar a una persona. Unas veces se acierta, otras no. *Alfonso Pahino* nació al éxito en el último Festival de Benidorm, tras muchos intentos, tras algunos años tratando de abrirse camino en esa jungla de la música. No lograban antes interesar sus canciones, quizá porque no estaba bien orientada su música o su imagen no era lo suficientemente conocida. Quizá Benidorm contribuya a que por fin logre lo que quiere. De entrada, el ganar Benidorm le ha supuesto conseguir 16 galas en el mes de agosto, lo cual no está nada mal teniendo en cuenta lo escasas que andan.

¡Hola! 13 de agosto de 1977

5. *Alfonso Pahino triunfó*
   A año tras año.
   B cantando canciones africanas.
   C después de muchos esfuerzos.
   D repetidas veces.

6. *Su música no había conseguido entusiasmar antes a la gente porque*
   A no daba en el blanco.
   B cantaba lo de siempre.
   C escogía temas orientales.
   D cantaba desafinadamente.

7. *¿Qué ha significado para Pahino ganar el concurso?*
   A Escasez de dinero.
   B Entradas para 16 galas.
   C Aparecer en Benidorm.
   D Una serie de recitales.

Grabará Roberto. Hace tiempo yo les hablaba de *Roberto Monterrey*. Es un argentino, auténtico triunfador allá. Ahora mismo hay discos suyos en las listas del país argentino. Y sin embargo, le cuesta un trabajo enorme encontrar una casa de discos que se interese por él. Ha estado en tratos con varias y en todas le han dicho lo mismo: 'La música argentina ya no interesa. Han venido demasiados. La gente ya no compra esos discos'. Pero Roberto Monterrey es de lo mejorcito que uno ha escuchado. A ver si tiene suerte en este último intento. Parece que esta vez sí grabará en España.

¡Hola! 13 de agosto de 1977

8. *¿Cómo se sabe que Roberto es popular en su propio país?*
   A Porque es un auténtico argentino.
   B Porque se ha comprado una casa de discos.
   C Porque ha salido en triunfo de la Argentina.
   D Porque siguen comprando sus discos en su patria.

9. *¿Por qué encuentra difícil grabar en España?*
   A Hay demasiados argentinos en las listas.
   B Las casas de discos hacen gran labor.
   C Ha pasado de moda la música de allá.
   D Todos están tratando de hacer lo mismo.

María está harta. Por supuesto que nos alegramos del exitazo del disco *Un pueblo es* . . ., pero hay que admitir que *Maria Ostíz* es una mujer muy especial, muy suya, a veces seca, a veces tremendamente cortante. En alguna ocasión, mientras la entrevistábamos, nos entraron deseos de mandarla a 'freír espárragos'. Hasta que la conocimos y supimos un poco su forma de ser. Se ha creado fama de antipática y no lo es. Y ella tiene que luchar ahora contra esa falsa imagen que muchos compañeros de la crítica se han formado de ella. Ni es ñoña, ni anticuada, ni nada por el estilo. Quizá muchos piensen en la María Ostiz de antes, tímida, sencilla ella. Ha cambiado, con muchas cosas que decir, pero no antipática ni arisca, aunque las apariencias se encarguen de demostrar lo contrario.

¡Hola! 6 de agosto de 1977

10. *¿Qué impresión de María Ostiz sacó una vez el columnista?*
    A Le encantó.
    B Le fastidió mucho.
    C Le invitó a comer.
    D Le mandó muchos recuerdos.

11. *¿Es errónea la imagen que han formado de ella?*
    A Sí, porque de verdad no es desagradable.
    B Sí, porque es una mujer muy arisca.
    C No, porque cree que los críticos son injustos.
    D No, porque es una mujer moderna.

12. *¿Cómo es María Ostiz ahora?*
    A Se deja engañar por las apariencias.
    B Muy simpática y abordable.
    C Habla por los codos.
    D En el fondo, es una mujer poco interesante.

Segunda Parte

MUERTE DE UNA FÁBRICA

En el almacén quedaron las pilas de piezas, que hubo que malvender. El algodón bajó de pronto. Los tejidos de Manchester y las sedas de Lyon entraban en España e invadían el mercado. Los fabricantes españoles estaban sin protección.

Al cabo de un tiempo, por primera vez en la historia de la fábrica, Rius no tuvo con qué alimentar una tercera parte de sus telares. El algodón había bajado aun más en sus precios de origen. Se veía obligado a revender las piezas hechas al mismo precio a que habían comprado la materia prima. Su trabajo, los aprestos, el tinte, la tela, en suma, no valía nada.

Se decidió a vender el inmueble. Habló con el agente de ventas que meses atrás le había hecho la proposición.

'Sería difícil ahora', le contestó, 'Todo el mundo vende, nadie compra'.

A las pocas semanas se le presentó la primera proposición. Rius la rehusó, desolado. Le ofrecían por la casa aproximadamente lo mismo que su padre había gastado, veinte años atrás, en la edificación. Los obreros entraban entristecidos al trabajo. Rius había tenido que despedir cerca de un centenar. En los rostros de los trabajadores parecía haber renacido la expresión de solidaridad con el dueño que se adivirtiera años atrás, en épocas del viejo don Joaquín.

En el despacho de Rius, se sentaban alrededor de la mesa del amo. Este leía la correspondencia en alta voz. No había reclamaciones, nadie protestaba ya. Se encontraban acorralados, embrollados en una situación que no conseguían comprender.

Al hacer la inspección matinal Rius pasaba la palma de la mano sobre las máquinas paradas como si acariciara una jauría de fieles perros malheridos.

Ignacio Agustí, *El viudo Rius* (Madrid, 1977)

13. *¿Cuál era la causa de la catástrofe?*
    A El proteccionismo de los industriales del país.
    B Importaciones del extranjero.
    C La invasión de ingleses y franceses.
    D Tarifas en los mercados europeos.

14. *El amo se vio sin otro recurso que el de*
    A abandonar las dos terceras partes de su capacidad.
    B reducir sus gastos domésticos.
    C vender la mayor parte de su maquinaria.
    D rebajar su producción.

15. *Rius se resolvió a*
A vender la fábrica.
B vender sus muebles.
C vender sus bienes de consumo.
D vender su agencia de ventas.

16. *La primera oferta le deprimió porque*
A su padre había construido la fábrica.
B había permanecido sólo veinte años en la industria.
C le ofrecieron los gastos originales de construcción.
D sólo cubriría sus gastos de veinte años.

17. *Los obreros*
A compadecían a Rius.
B se mostraban complacidos.
C sentían la ausencia de don Joaquín.
D apoyaban unánimes a los despedidos.

18. *Los oficinistas*
A no encontraban el libro de reclamaciones.
B protestaban cuando Rius leía las cartas.
C no comprendían las consecuencias de sus acciones.
D se encontraban perplejos.

19. *El dueño acariciaba sus telares porque*
A se parecían a animales enjaulados.
B sentía su falta de actividad.
C lamía sus heridas.
D eran como bestias de carga.

CUADERNO DE VIAJE: NAVARRA

Aunque son muchos los lugares donde se come bien y abundante en España, Navarra ocupa sin duda alguna uno de los mejores puestos. Lo tradicional en España eran cuatro comidas (desayuno, comida, merienda y cena), estando en vías de reducirse en muchas partes a tres, por suprimirse la merienda. Pues los navarros han llegado a descubrir una más: la recena. Una nueva comida a mitad de la noche o cuando un grupo se encuentra metido en juerga.

En Pamplona se encuentra uno de los más afanados restaurantes no sólo de Navarra, sino de España, *Las Pocholas*, llamado así porque fue regentado por un numeroso grupo de 'hermanas' que, como dicen los navarros y algunos que no lo son, 'guisan como Dios'. Hoy ya no es lo que era, incluso se llama oficialmente Hostal del Rey Noble, aunque sigue siendo magnífico. Sus precios son altos, pues si en Pamplona es fácil comer bien, no es fácil hacerlo barato.

Una característica muy generalizada de los restaurantes navarros es que su presencia y calidad no se manifiesta al exterior: queda casi reservado a los conocedores de sus cualidades. Así sucede con *Josetxo*, que localizado en pleno barrio antiguo, está situado en un piso de una casa sin apariencia alguna y que conjuga un ambiente burgués con un trato familiar y una cocina exquisita.

Para aquéllos que quieran dar gusto a la vista, además de al paladar, uno de los mejores paisajes del Pirineo lo encontramos en el valle de Belagua, que produce excelentes y apreciados quesos. Ya en plena montaña encontramos la *Venta de Juan Pita*, en que hacen unas *migas a la pastora* en una cantidad que le puede salir a uno por las orejas. Lo único malo es que se nos corte la digestión al enterarnos que se quiere mercantilizar ese maravilloso lugar y 'cargarse el valle'.

A mitad de camino de San Sebastián y Pamplona se encuentra Santesteban. Aquí encontramos el mejor lugar de comer de Navarra, ¡que ya es decir! La *Josefa*, donde si son buenos los platos españoles, los franceses no son peores. No pasar por alto el pato a la naranja, la perdiz o el paté de la casa. Los postres son para chuparse los dedos e inicialmente dieron fama a la casa, recordando unos crepes, que difícilmente se tomarán mejores en Francia.

Cuadernos para el Diálogo 25 de setiembre de 1976

20. *¿Qué es la recena?*
   A   Un plato navarro.
   B   Un famoso restaurante.
   C   Una comida.
   D   Una juerga.

21. *¿Qué se dice de las que fundaron* Las Pocholas?
   A   No eran auténticas navarras.
   B   Sabían cocinar a maravilla.
   C   Eran un par de hermanas.
   D   Sólo hacían platos regionales.

22. *El autor nos dice que los exteriores de los restaurantes navarros a menudo*
   A   tienen poco que ver con lo que está dentro.
   B   suelen reflejar la calidad de las comidas.
   C   varían muy poco.
   D   reflejan la región.

23. *El exterior de* Josetxo *le parece al autor*
   A   ostentoso.
   B   exquisito.
   C   algo sucio.
   D   sin pretensiones.

24. *Para el autor, ¿en qué supera la* Venta de Juan Pita *a* Josetxo?
   A   En la cocina.
   B   En el ambiente del interior.
   C   En los alrededores.
   D   En los precios.

25. *La* Josefa *se hizo célebre en primer lugar por*
   A   sus platos franceses.
   B   sus platos españoles.
   C   su pato a la naranja.
   D   sus postres sabrosos.

SEXTA LECTURA

Primera Parte

Humor

(Marvel Comics)

1. A tener
   B pintar
   C cazar
   D coger

2. A valiente
   B cobarde
   C idiota
   D pintor

3. A Soy
   B Ni
   C Como
   D Sin

4. A un desierto
   B un lienzo
   C un pincel
   D un telescopio

Información Económica

Desarrollo   *El IV Plan de Desarrollo:* 'Espero estar en condiciones de presentar en el próximo Consejo de Ministros las propuestas definitivas que contienen los aspectos más importantes del IV Plan de Desarrollo', ha afirmado el ministro de Planificación del Desarrollo al diario *Arriba* en el curso de una entrevista exclusiva.
El Plan de Desarrollo se encuentra muy adelantado, hasta el punto de que puede considerarse como prácticamente concluido.
ABC 10 de julio de 1975

5. *El ministro cuenta con discutir el Plan de Desarrollo con los demás ministros*
   A   en las condiciones actuales.
   B   en una entrevista con un periódico.
   C   cuando se reúnan la próxima vez.
   D   cuando se reúnan definitivamente.

6. *Hizo su declaración*
   A   hablando con un periodista.
   B   hablando en el Consejo de Ministros.
   C   en un programa diario en la TVE.
   D   en una rueda de prensa.

7. *El IV Plan de Desarrollo*
   A   sa ha publicado por adelantado.
   B   se ha considerado muy práctico.
   C   está por hacer.
   D   está a punto de salir.

Industria   *Astilleros para Algeciras:* En la bahía de Algeciras se están construyendo nuevos astilleros dedicados a la construcción de buques de transporte para gas natural licuado. Por la propiedad de utilizar una procedencia energética totalmente independiente de la que supone el petróleo como materia prima, el gas natural tiene un papel importante que desempeñar en las relaciones mundiales del futuro. De ahí proviene la posibilidad de construcción de una flota de gran movilidad presta a aprovisionar cualquier lugar precisado de ello, cuya mayor celeridad está asegurada por la magnífica posición estratégica de esta instalación con respecto a los principales mares.
ABC 10 de julio de 1975

8. *El gas natural tiene porvenir porque*
   A   existe en forma de líquido.
   B   utiliza menos energía.
   C   no depende del petróleo.
   D   no afecta a la economía.

9. *Lo que van a hacer es*
   A   construir buques para aprovisionar otras instalaciones.
   B   fortalecer rápidamente las bases estratégicas.
   C   construir una flota de petroleros.
   D   proteger las instalaciones cuanto antes.

Economía   *Coste de la vida:* El alza del coste de la vida en mayo (1,2 por 100) supone para los seis primeros meses una tasa anual de 17,2 por 100 frente a más del 20 por 100 de finales de 1976, lo que apunta a una mejora de las tensiones inflacionistas, que continúan, sin embargo, siendo demasiado elevadas. Esta mejora es, además, inferior a la que ha registrado la mayor parte de los países importantes para nuestro comercio exterior en el mismo período.

ABC 10 de julio de 1975

10. *El alza del coste de la vida en la primera mitad del año indica*
    A   una tasa anual de 1,2 por 100.
    B   una tasa anual de 17,2 por 100.
    C   que la inflación ha empeorado.
    D   que ya no hay tensiones inflacionistas.

11. *En otros muchos países relacionados con España*
    A   la inflación es mayor.
    B   la inflación ha disminuido.
    C   se notan más tensiones.
    D   hay más actividad comercial.

Segunda Parte

¡ADIÓS VIOLA!

En las manifestaciones, en los mitines, en la habitual manifestación catalanista de cada domingo, después de la audición de sardanas, el pueblo de Barcelona ha pedido, a voz en grito, la dimisión de Viola. Por eso, al conocerse el cese, no hubo sentimiento de pena ni dolor.

Por el contrario, en más de una asociación de vecinos se descorcharon botellas de champán y los tres mosqueteros del Ayuntamiento – Eduardo Tarragona, Font Altaba y Jacinto Soler Padró – no podían ocultar sentimientos de satisfacción. Cuando se le preguntó a Tarragona, cuñado del cesado alcalde, por qué acudía al almuerzo de despedida en el palacete Albéniz, fue explícito: 'No me pierdo nunca ningún entierro'. Los mismos concejales que en el último pleno municipal aplaudieron a Viola – y que meses antes la habían dado un voto de confianza –, por la tarde se apresuraron a ponerse incondicionalmente a las órdenes de José María Socías Humbert, el nuevo designado. Lo importante es seguir, no dejar nunca de calentar el sillín.

El relevo de !a alcaldía de Barcelona hay que enmarcarlo sin duda en el contexto de la reforma política. Desde el poder existía conciencia de que Joaquín Viola, autoritario, inflexible, poco dado a trabajar en equipo, difícilmente podría sintonizar con una nueva operación política de altos vuelos en la que la credibilidad popular tiene su importancia. Viola era, además, en un sentido estricto y formal, un alcalde nombrado por Franco. Socías es ya un alcalde nombrado por el Rey. Pero hay más. El cambio no puede ser sólo de rostros, gestos, ni incluso actitudes. Lo que quiere la gente de Barcelona, por mucho posibilismo que se le eche al asunto, es elegir de una vez a su alcalde.

Cuadernos para el Diálogo 11 de diciembre de 1976

12. *¿Qué es lo que distingue el domingo barcelonés?*
  A   Bailes y protestas.
  B   Dimisiones y ceses.
  C   Sardanas y audiciones.
  D   Penas y dolores.

13. *¿Cuál fue la reacción local cuando se reveló la noticia?*
  A   Hubo pena y dolor.
  B   La gente celebró la ocasión.
  C   La gente ocultó su satisfacción.
  D   Se formaron asociaciones.

14. *¿Por qué fue Eduardo Tarragona al banquete?*
A Por ser cuñado del alcalde.
B Quería despedirse de Viola.
C Quería explicar sus sentimientos.
D Para gozar de los útimos momentos.

15. *¿Cómo demostraron los concejales su cambio de lealtad?*
A Ofreciéndose a servir bajo el sucesor.
B Dando un voto de confianza al alcalde.
C Aplaudiendo al nuevo designado.
D Calentando el sillín de Socías.

16. *¿Por qué ya no era Viola el hombre más indicado para el puesto?*
A Era tirano y perezoso.
B Era incrédulo y franquista.
C No compartía los criterios del nuevo régimen.
D No ejercía concienzudamente el poder.

17. *¿Cuál es el nuevo elemento en la política municipal?*
A Están tratando de volar menos alto, en términos políticos.
B Están dando importancia a la credulidad de la gente.
C La búsqueda de figuras aceptables al público.
D Los cambios superficiales en la política.

18. *El relevo es síntoma de otra preocupación de los barceloneses*
A porque quieren un cambio de actitudes políticas.
B porque desean un sistema más democrático.
C porque ahora tienen un alcalde nombrado por el Rey.
D porque es imposible que haya más que discutir.

EL MINERO

El hombre de la mina no es que sea un rebelde así a la ligera; siempre tuvo sus motivos para serlo. Las peculiaridades de su trabajo en condiciones infrahumanas, el desprecio de la sociedad que le rodeaba, su familiaridad con el peligro y los attropellos de que fue objeto engendraron en él ese espíritu de rebeldía que le atribuyen. Pero lo que es el minero es ni más ni menos que muy amante de la justicia, y que cuando ésta es pisoteada y lesiona sus intereses, aguanta lo que puede, mientras puede. Mas cuando la injusticia rebasa ciertos límites, el minero se rebela y, sin importarle ya las consecuencias que de su actitud se derivan, intenta hacer valer sus derechos. En esa coyuntura sí es más luchador y, si se quiere, más revolucionario que los demás trabajadores de otras ramas laborales.
Si bien es cierto que en los comienzos de la minería el trabajador de esta incipiente industria, y debido a la ausencia de una base educacional, era un tipo sin principios y desposeído de muchas de las vir-

tudes humanas, también es igualmente cierto que en aquellos tiempos la casi totalidad de la población obrera y rural – exceptuando algunas familias privilegiadas – estaba ensombrecida en la más completa ignorancia. Por tanto, no era condición exclusiva del minero la falta de formación y de conceptos morales, sino característica de una época. ¿Que el minero lo demostraba más en sus manifestaciones externas? Quizá. Pero ello era consecuencia derivada del carácter de su profesión, el tener que desarrollar su labor en un escenario lúgubre y hostil por su naturaleza: trabajo duro, ambiente nocivo y con el fantasma de la muerte rondando a su alrededor.

Cuadernos para el Diálogo abril de 1974

19. *El minero es*
    A un rebelde cien por cien.
    B producto de su ambiente.
    C pesado pero bien motivado.
    D un rebelde a pesar suyo.

20. *¿Cuáles son las condiciones en las que trabaja?*
    A Menos extrañas de lo que aparece.
    B Más aceptables de lo que aparentan.
    C Despreciables y atropelladas.
    D Degradantes y peligrosas.

21. *Su mayor preocupación es*
    A con sus propios intereses.
    B con aguantar injurias.
    C con hacer justicia a todos.
    D con la idea de la justicia.

22. *¿Cuándo se subleva el minero?*
    A Cuando no puede aguantar más.
    B Cuando quiere imponer sus ideas.
    C Cuando no importan las consecuencias.
    D Cuando se rebelan los demás.

23. *¿Cómo eran los primeros mineros?*
    A Estaban en la minoría.
    B Eran principiantes pero industriosos.
    C Les faltaban buenas cualidades.
    D Faltaban a clase.

24. *El minero revelaba más los defectos comunes*
    A a causa del medio ambiente en el que trabajaba.
    B porque era laborioso y nada amistoso.
    C porque era de naturaleza hostil y pesimista.
    D a causa de su actitud profesional.

25. *¿Qué era lo que perseguía al minero?*
   A   El fantasma de su propia naturaleza.
   B   La noción de tener que trabajar más de lo corriente.
   C   El ambiente que le circundaba en su trabajo.
   D   El espectro de la muerte.

SEPTIMA LECTURA

Primera Parte
Humor

Mire usted la serie de dibujos antes de completarlos con las palabras que faltan.

1. A regalo
   B pido
   C quito
   D alquilo

2. A ¡Ni hablar!
   B ¡Demonio!
   C ¡Qué pena!
   D ¡De acuerdo!

3. A llevo
   B traigo
   C reconozco
   D saludo

4. A separar
   B unir
   C llevar
   D ponernos

5. A regalado
   B leído
   C ganado
   D perdido

⚡LOS DEPORTES⚡

PRIMERA DIVISION

EL LIDER, BARCELONA, SE LLEVO UN PUNTO DEL BERNABEU

También el Atlético de Madrid, en el último minuto, obtuvo un positivo en Salamanca

Real Madrid y Barcelona empataron a un gol en el Estadio Bernabeu, lleno hasta la bandera en tarde lluviosa y terreno pesado. A los dos minutos entra Jensen en el área, resbala Cruyff y Migueli derriba al danés de Real Madrid. Penalty que Pirri transforma en gol. El empate lo consiguió Barcelona en el minuto diecisiete en un centro de Olmo que cabeceó Cruyff, marcando el 1–1. En la segunda parte, mayor dominio del Real, sin consecuencias. Arbitró bien García Carrión, que mostró tarjeta amarilla a Camacho por dura entrada a Cruyff, aunque debió hacer lo propio con Ramos.

ABC 3 de febrero de 1977

CLASIFICACION

	J.	G.	E.	P.	F.	C.	P.
Barcelona	20	12	4	4	47	18	28
At. Madrid ...	20	11	5	4	32	18	27
R. Sociedad ..	20	10	5	5	40	19	25
Valencia	20	9	5	6	36	30	23
Español	20	9	5	6	39	35	23
Las Palmas ...	20	9	4	7	29	27	22
Ath. Bilbao ..	20	8	5	7	34	31	21
Real Madrid ..	20	8	4	8	36	35	20
Betis	20	9	2	9	28	28	20
Elche	20	8	4	8	29	29	20
Salamanca ...	20	8	4	8	19	21	20
Sevilla	20	5	9	6	16	24	19
Hércules	20	6	6	8	16	22	18
Santander ...	20	6	6	8	24	38	18
Burgos	20	6	4	10	25	32	16
Celta	20	5	6	9	11	21	16
Zaragoza	20	3	7	10	21	33	13
Málaga	20	3	5	12	11	32	11

REAL MADRID: Miguel Angel, Rubiñán, Camacho, Pirri, Sol, Vitoria, Del Bosque (Guerini), Breitner, Aguilar, Santillana y Jensen.

BARCELONA: Mora, Ramos, Migueli, Olmo, Amarillo, Sánchez, Neeskens, Marcial (Costas), Asensi, Cruyff y Clares.

RESULTADOS

Real Sociedad, 4; Celta, 0.
Español, 3; Valencia, 0.
Elche, 2; Zaragoza, 0.
Betis, 2; Burgos, 1.
Las Palmas, 4; Sevilla, 2.
Rácing de Santander, 1; Hércules, 1.
Real Madrid, 1; Barcelona, 1.
Málaga, 0; Athlétic de Bilbao, 3.
Salamanca, 1; Atlético de Madrid, 1.

6. *Los espectadores del partido Real-Barcelona*
   A llenaron el estadio.
   B estaban pesados.
   C no eran numerosos.
   D tenían todos banderas.

7. *¿Quién concedió el penalty?*
   A   Jensen.
   B   Cruyff.
   C   Migueli.
   D   Pirri.

8. *¿Cómo logró Cruyff la igualada?*
   A   Rematando con la cabeza.
   B   Pasando al centro.
   C   Transformando el penalty.
   D   Pasando a Olmo.

9. *Según el artículo, el árbitro tuvo que*
   A   anular otro gol de Cruyff.
   B   expulsar a Cruyff.
   C   proteger a Ramos.
   D   sancionar a Camacho.

El Atletismo

San Sebastián   Unas 15.000 personas han sido espectadoras directas del sorprendente triunfo . . . (10) por el toledano Fernández Gaytán en la vigésima segunda edición del Cross internacional de Lasarte.

La carrera se presentaba muy disputada, en la que falló el valenciano Antonio Campos, . . . (11), que sólo aguantó los primeros cinco kilómetros. Por delante, gran lucha entre Fernández Gaytán y el escocés Brown. El toledano al final hizo valer su fuerza y . . . (12) al británico.

ABC 3 de febrero de 1977

10. A   interpretado
    B   anulado
    C   conseguido
    D   concedido

11. A   mostrando una clara superioridad
    B   mostrándose en baja forma
    C   aprovechando una indecisión
    D   presentando una táctica inteligente

12. A   se acercó peligrosamente
    B   se dio por vencido
    C   le ofreció la oportunidad
    D   logró imponerse

57

Segunda Parte

El transporte público del área metropolitana de Madrid sigue sin resolverse. En estas últimas semanas, tras extraños siniestros del Metro – en menos de un mes, 73 heridos – ha vuelto a saltar a la luz pública el asunto de la desprivatización del Metro. Los ciudadanos madrileños desean que se desprivatice la empresa en vista de que el servicio ofrecido por la compañía deja mucho que desear. Lo que tiene que conocer el pueblo de Madrid es que los dirigentes del Metro desean que el Estado les indemnice pérdidas y les compre la compañía mediante una fuerte cantidad de dinero.

La Compañía Metropolitano obtuvo la concesión del transporte subterráneo de la cuidad en 1917, comprometiéndose a construir el Metro y hacerlo rentable en competencia con los transportes de superficie.

En 1919 es inaugurada la primera línea, Cuatro Caminos-Sol (3,5 kilómetros de vía). Ya en esa época nace también la Inmobiliaria del Metropolitano, que adquiere terrenos en la avenida de la Reina Victoria, comenzando la construcción de unos pisos que, por su cercanía al Metro van a revalorizarse en el doble, comenzando así las primeras especulaciones con el suelo del Madrid. Durante esos años la red se amplía hasta 20,8 kilómetros y las ganancias aumentan hasta 18,3 millones de pesetas anuales.

A partir de 1940, el Estado congela los precios del Metro. La construcción de nuevas líneas o prolongaciones se estanca hasta 1955, en que el Gobierno, según la Ley de 2 de septiembre de 1955, encarga al Ministerio de Obras Públicas (MOP) la construcción de la infraestructura, siendo competencia de la Compañía únicamente los gastos de instalaciones y materia móvil. A pesar de las nuevas líneas abiertas gracias a la subvención del MOP, el número de kilómetros de red subterránea – unos 66,5 kilómetros –, resulta a todas luces insuficiente para una ciudad como Madrid.

Cuadernos para el Diálogo 18 de diciembre de 1976

13. *¿Por qué ha vuelto a surgir la cuestión del Metro madrileño?*
   A   La Empresa ha pedido indemnizaciones al Gobierno.
   B   El problema aún no se ha resuelto a pesar de todo.
   C   Acaban de desprivatizarlo.
   D   Ha habido varios accidentes.

14. *¿Por qué pide el pueblo de Madrid la desprivatización del Metro?*
   A Los precios han subido locamente.
   B El servicio es inadecuado.
   C Las pérdidas han sido enormes.
   D El servicio saca ganancias ridículas.

15. *¿Cuál fue el compromiso adquirido por la Empresa en 1917?*
   A El de mejorar la antigua compañía.
   B El de entregar las ganancias al Estado.
   C El de establecer un transporte rentable.
   D El de no competir con los autobuses.

16. *Las primeras especulaciones de la Inmobilaria del Metropolitano*
   A fueron una inversión lucrativa.
   B fueron un fracaso casi total.
   C se limitaron al transporte.
   D enfurecieron a la Compañía.

17. *¿Qué pasó en el Metro entre 1940 y 1955?*
   A La red se amplió mucho.
   B La construcción se paró completamente.
   C Los precios fluctuaron mucho.
   D El Gobierno compró la Compañía.

18. *¿Cuál fue la responsabilidad de la Compañía tras la Ley de 1955?*
   A El cierre de las líneas no provechosas.
   B Las instalaciones de la infraestructura.
   C La construcción de nuevas líneas.
   D La modernización de antiguas líneas.

belleza y salud

¿ES CIERTO QUE EL
DIBUJO DE LOS LABIOS
DEBE CAMBIARSE
DE ACUERDO A LA FORMA
DEL ROSTRO?

¿Cuál es su problema?

Sí. Usted puede mejorar mucho su conjunto haciendo pequeñas modificaciones en el dibujo de sus labios. Veamos algunos casos: **Cara muy estrecha:** Coloración normal del labio superior. Coloree más el labio inferior sobrepasando el borde medio milímetro. **Cara demasiado ancha y redonda:** Amplíe los bordes del labio superior y reduzca el inferior. **Nariz demasiado grande:** Acentúe la forma de corazón del labio superior para hacerlo más chico. Coloree normalmente el inferior. **Nariz demasiado próxima a la boca:** No marque apenas la V en el labio superior. Ensanche el de abajo, rebasando el borde en medio milímetro. **Nariz respingona y pequeña:** Acentúe la forma de corazón y alargue las comisuras de ambos labios. Agrande el inferior, sobrepasando su borde en medio milímetro. **Y si su boca es poco sensual:** Amplíe los bordes de los dos labios, redondeando sus arcos.

Vanidades 16 de agosto de 1977

19. *¿Cuál es el efecto si se acentúa el labio de abajo?*
   A   Parece más normal el color del superior.
   B   Parece más estrecha la cara.
   C   El rostro parece más ancho.
   D   El rostro sobrepasa los límites.

20. *Acentuando el arco del labio superior, ¿cuál es el efecto que se produce?*
A   El de hacer más chica la nariz.
B   El de hacer más grande la nariz.
C   El de hacer parecer normal el labio inferior.
D   El de hacer más próxima la nariz a la boca.

21. *Si se quiere distanciar la nariz y la boca,*
A   se amplía el labio inferior.
B   se aproxima la nariz a la boca.
C   hay que subrayar el labio superior.
D   hay que reducir el labio de abajo.

22. *Exagerando la forma de los labios produce*
A   un efecto poco sensual.
B   bordes poco ensanchados.
C   arcos más pequeños.
D   una impresión más sensual.

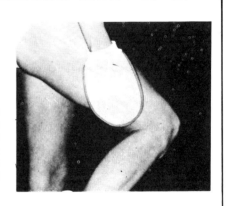

¿ES BUENO USAR EN EL BAÑO UN GUANTE ESPECIAL PARA FRICCIONARSE?

Sí, siempre que lo use con una loción limpiadora. Frótese con el guante en toda la piel. Elimina las células muertas y activa la circulación de la sangre. Pero no se friccione el seno. Esta es la parte más delicada del cuerpo y debe tratarse suavemente.

Vanidades 16 de agosto de 1977

23. *El guante especial es eficaz*
A   para la mujer de la limpieza.
B   siempre que se baña.
C   pero resulta lo de siempre.
D   junto con un flúido de belleza.

SELECCION-ESPAÑA

24. *¿Qué hay que hacer para eliminar las células muertas?*
    A Frotar las partes más delicadas del cuerpo.
    B Tratarse suavemente.
    C Frotar toda la piel menos el seno.
    D Activar la circulación sanguínea.

25. *Es preciso tener mucho cuidado*
    A con la circulación de la sangre.
    B con la zona del pecho.
    C matando las células.
    D golpeando el seno.

OCTAVA LECTURA

Primera Parte

COMPRENSION

Una señora llega a casa
—(1) — y encuentra a su marido
con la secretaria sentada sobre sus
rodillas.
—¡Vaya, hombre! --dice la recién
llegada—. ¿Hoy también te has
traído trabajo a casa...?

GRAN HOTEL

Un cliente llama a la camarera:
—Pero ¿qué ha pasado con los
zapatos que dejé en la puerta para
que los —(2) ~ ? Mire, uno negro
y otro marrón.
—¡Qué extraño! —dice la mujer
estupefacta—. ¡ —(3) —
que me pasa esta mañana!

NOTICIAS A LA PLANCHA

ACCIDENTE

Un taxista atropella y derriba a
un peatón y se detiene una decena
de metros más allá.
    ¡Ahora tendrá más cuidado!
- grita sacando la cabeza por
—(4)—
El atropellado se sienta en el
suelo trabajosa pero rápidamente:
    ¿Por qué? -pregunta--. ¿Es
que va a — (5) — ?

PLACIDO

(Semana)

1. A llena de remordimiento
   B a la hora de costumbre
   C inopinadamente
   D desvergonzadamente

2. A limpiasen
   B quitasen
   C cambiasen
   D buscasen

3. A Son el par
   B Eran del color
   C Será el limpiabotas
   D Es la segunda vez

4. A el espejo retrovisor.
   B la ventanilla.
   C la víctima.
   D la plaza trasera.

5. A moderar la marcha
   B seguir adelante
   C dar marcha atrás
   D dar con el taxi

Segunda Parte

Publicidad

Renault 5 GTL
Lleno de buenas soluciones. Lleno de vida.

Vamos a hablarle de lo que son buenas soluciones para un coche. Imagínese que va a conducir un Renault 5 GTL...

Solución al confort

Empecemos por el principio. Nada más entrar en un Renault 5 GTL lo primero que usted comprueba es su comodidad... Asientos anatómicos tapizados en tela lavable, confortables, envolventes. Con — (6) — regulables en los delanteros.

Veamos los mandos. Volante, pedales y palanca de cambio, bien — (7) — Cuadro de instrumentos bien visible.

Solución a la capacidad

Pero tal vez usted no entra solo en su coche. Tal vez entra con su familia o sus amigos y, cómo no, con equipajes.

Pues bien, el Renault 5 GTL le permite tener familia y amigos.

Y si lleva — (8) — tiene varias posibilidades en su maletero. Incluso puede aumentarlo en casi cuatro veces su capacidad inicial. Exactamente de 270 dm³ a 900 dm³.

Y... que no se le pase por alto su bandeja trasera, que oculta el equipaje.

Pero — (9) — el coche. Empiece a circular.

Solución a la maniobrabilidad

Es un hecho que conducir en ciudad es casi siempre complicado.

Así que, la mejor solución que cabe aquí, es fabricar el coche en un tamaño compacto (3,5 m.), con una precisa dirección

de cremallera y con — (10) — de giro pequeño (4,9 m.). Para moverse en el tráfico y aparcar con más facilidad.

Si a todo esto le añadimos la elasticidad de su brillante motor con 1.037 cm³, y 50 CV DIN, comprenderá por qué con el Renault 5 GTL es — (11) — conducir en ciudad.

Solución a la seguridad

Y ahora salga a la carretera. Aquí lo que más se valora es la seguridad.

Y el coche más seguro es el que tiene tracción delantera, suspensión flexible e independiente, barras de torsión, amortiguadores hidráulicos y barras estabilizadoras.

Además, el Renault 5 GTL, va provisto de frenos de disco en — (12) — y de tambor en las traseras.

Y con un sistema de frenado dotado de distribuidor de presión, que actúa — (13) — del reparto de las cargas.

Como todos los Renault 5.

Solución a la economía

Sabemos que usted se iba a terminar imaginando que tenía que pararse en una estación de servicio.

Pues también en este caso el Renault 5 GTL le sorprenderá agradablemente. Por su — (14) — (6,8 litros a los 100 km. a 80 km/h. en terreno semiaccidentado), mínimos gastos de mantenimiento y calidad mecánica.

Y para terminar hablando de todo un poco, le recordamos que hay dos buenas soluciones más de Renault 5: el Renault 5 TL, con 956 cm³, y el Renault 5 TS, con 1.289 cm³.

Buenas soluciones, en fin, para satisfacer — (15) —

Facilidades de pago:
Renault Financiaciones, S. A.

6. A reposacabezas
   B limpiaparabrisas
   C otros asientos
   D ceniceros grandes

11. A poco aconsejable
    B algo arriesgado
    C imprescindible
    D menos complicado

7. A usados
   B visibles
   C colocados
   D fijados

12. A la radio revolucionaria
    B las ruedas delanteras
    C el neumático de recambio
    D las plazas delanteras

8. A otros pasajeros
   B mucho equipaje
   C hijos e hijas
   D una vida activa

13. A en lugar
    B en función
    C independiente
    D sirviéndose

9. A imagine
   B aparque
   C detenga
   D arranque

14. A bajo consumo
    B velocidad increíble
    C depósito de gasolina
    D carburador original

10. A ruedas
    B ventanillas
    C un radio
    D un volante

15. A todos los gustos
    B todos los tamaños
    C los motores distintos
    D los tres modelos

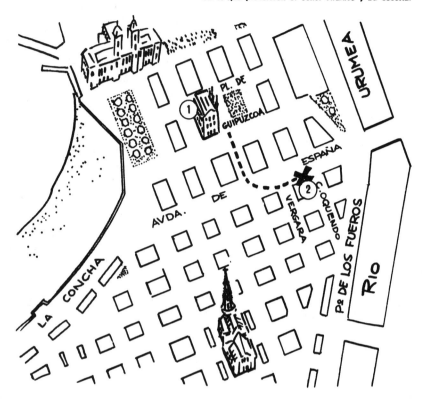

Plano del atentado. Marcada con un 1, la sede de la Diputación; con punteado, el recorrido efectuado por ambos automóviles y con el 2 el lugar exacto del ametrallamiento, en el que perecieron el señor Araluce y su escolta.

ASESINATO EN GUIPÚZCOA

Eran las dos y veinte de la tarde y el coche oficial del Presidente de la Diputación Provincial de Guipúzcoa, acompañado por un R-12 que le prestaba escolta, llegaban frente al número 7 de la Avenida de España, después de invertir alrededor de tres minutos desde la Plaza de Guipúzcoa.

Bajo la marquesina situada al lado de la casa se encuentran tres jóvenes. A esa hora abren fuego simultáneamente con sendas metralletas, primero contra el coche del escolta y después contra el del Presidente. Todo en un abrir y cerrar de ojos. Inmediatamente los tres agresores recorren unos veinte metros hasta llegar a la calle Echaide, donde un cuarto individuo aguarda en un Simca, color blanco, matrícula de Bilbao, que más tarde se comprobaría que era falsa. Rápidamente emprenden la huida, por dirección prohibida, cara a la Plaza de los Fueros.

A las tres y veinte el Presidente, acribillado a balļazos, fallece en el quirófano, donde en aquellos momentos un equipo médico le practicaba una delicada intervención, en un inútil intento de salvarle la vida. El conductor del Presidente tambień fue sometido a una operación pero fallecía ya entrada la noche. Había recibido dos balazos en la cabeza.

En pocos minutos, la ciudad entera conoce el atentado, y ya la Policía ha tomado posiciones desviando el tráfico en algunos puntos. El auto utilizado por los asesinos en su huida es encontrado al poco tiempo en el Paseo de los Fueros, a unos doscientos metros del lugar de los hechos.

Hacia las seis y diez de la tarde, suena el teléfono directo de *La Voz de España*. Lo descuelga la secretaria de Dirección, a quien una voz anónima, con tono opaco, dice: 'Escúcheme bien. Soy un militante de ETA V Asamblea. ETA reivindica la "ejecución" del Presidente de la Diputación . . .'

En Madrid, a las seis de la tarde, tiene lugar un Consejo de Ministros extraordinario. Dijo el señor Rodríguez Román en rueda de prensa: 'Muchos no se percatan de que estamos asistiendo a un ensayo revolucionario de tipo marxista en un intento de lograr un separatismo y un racismo . . . La clave para resolver los problemas tiene que darla la propia sociedad guipuzcoana. Los demás debemos cumplir con nuestro deber que es buscar a los autores con serenidad y frialdad . . . El terrorismo es la guerra, y utilizaremos los medios que la Ley nos concede para luchar contra ellos'.

El Rey de España llamó personalmente al domicilio para dar su pésame a la viuda. De todos los estamentos y regiones – singularmente del País Vasco – llegan constantemente muestras de condolencia y repulsa contra el criminal atentado.

Sábado Gráfico 9 de octubre de 1976

16. *Cuando el asesinato tuvo lugar, los dos coches oficiales*
   A   acababan de arrancar.
   B   salían de la Plaza de Guipúzcoa.
   C   pasaban por la Avenida de España.
   D   acababan de pararse.

17. *Al acercarse los coches, los agresores*
   A   los incendiaron.
   B   disparon rápidamente.
   C   subieron a la marquesina.
   D   rindieron las armas.

18. *Tras subir al Simca, los asesinos*
   A   cambiaron el número de matrícula.
   B   esperaron a su cómplice.
   C   bajaron por una calle de dirección única.
   D   se desviaron de la dirección prohibida.

67

19. *El Presidente murió*
    A durante una operación.
    B antes de llegar al hospital.
    C al caer acribillado.
    D antes de las tres de la tarde.

20. *Parece que los autores del atentado*
    A tuvieron que volver a la Avenida de España.
    B habían encontrado el coche en el Paseo de los Fueros.
    C se escaparon rápidamente de la ciudad en el Simca.
    D abandonaron rápidamente el Simca color blanco.

21. *¿Cómo reaccionó la Policía?*
    A Con irresolución.
    B Sin tardar.
    C Con violencia.
    D Tardaron mucho.

22. *El desconocido que telefoneó a* La Voz de España
    A tenía un fuerte acento.
    B insistió en hablar con ETA.
    C no quiso explicar el crimen.
    D pretendió ser terrorista.

23. *El señor Rodríguez Román dijo a los periodistas que los motivos del acto habían sido*
    A inexplicables e insensatos.
    B de carácter puramente político.
    C evidentes a cualquier persona inteligente.
    D un secreto bien guardado.

24. *El señor afirmó también que la solución definitiva de los problemas de la región era la responsabilidad*
    A de los mismos guipuzcoanos.
    B de los mismos marxistas.
    C de las Fuerzas del Orden.
    D de la sociedad en general.

25. *Al autor del artículo le parece digno de notarse que*
    A el País Vasco sea la única región que dé su pésame.
    B el Rey vaya a ver a la viuda del difunto.
    C haya muchas muestras de repulsa.
    D los vascos mismos envíen muestras de condolencia.

NOVENA LECTURA

Primera Parte

Humor

—Hace ya quince días que no rompo nada, estudio y me porto bien... ¡En mi casa están aterrorizados pensando qué estaré maquinando!

(Semana)

1. *Los padres del niño que está hablando a su compañero*
   A   le han infundido miedo.
   B   no caben en sí de contento.
   C   van inquietándose por su hijo.
   D   están muy enfadados con su hijo.

– Bueno, jamás nos habia nadie presentado esta
clase de referencias..., ¡pero, desde luego, queda
admitida!

(Semana)

2. ¿A la chica le van a ofrecer el puesto?
   A   Sí, porque se ha presentado en un estado lamentable.
   B   Sí, porque tiene referencias poco comunes.
   C   No, porque no tiene referencias de ninguna clase.
   D   No, porque no es muy guapa.

Belleza y Salud

¿CUAL ES SU PROBLEMA?

TENGO 56 AÑOS Y NUNCA HE PODIDO TENER LAS UÑAS LARGAS. ¿HABRA ALGUN MEDIO DE LOGRARLO?

Por supuesto que sí. Siga estos consejos y verá que no se le parten ni estropean tanto: No las corte con tijeras, límelas. No las lime en las esquinas, déjelas cuadradas. Límelas siempre en la misma dirección, no como si estuviera serrando. Sus uñas son débiles. No las use como herramientas para raspar o extraer cosas pequeñas. No lave ni haga otros trabajos en que tenga que mojarse las manos sin usar guantes plásticos que no dejen pasar la humedad. Una vez por semana hágase una manicura, pero no empuje la cutícula con un instrumento de metal; hágalo con un palito de naranja. Diariamente aplíquese además una capa de brillo que protege mucho. Ingiera bastantes proteínas y tome tres vasos medianos al día de jugo de limón puro o con jugo de manzana.

Vanidades 16 de agosto de 1977

3. *¿Qué quiere conseguir la señora?*
   A Dedos más largos.
   B Estropear las uñas.
   C Alargar las uñas.
   D Dedos menos largos.

4. *Para no hacer daño a las uñas, es prudente*
   A cortarlas.
   B limarlas.
   C redondearlas.
   D serrarlas.

5. *En cuanto a los quehaceres domésticos,*
   A   más vale evitar el trabajo doméstico.
   B   es aconsejable no llevar guantes.
   C   hay que proteger las manos.
   D   es necesario dejar pasar la humedad.

6. *Cada día,*
   A   hágase una manicura.
   B   empuje las cutículas.
   C   póngase una capa de esmalte.
   D   tómese tres naranjas.

7. *Su régimen debe incluir*
   A   proteínas y jugo de fruta.
   B   manzanas y limones.
   C   productos lácteos.
   D   raciones medianas.

Segunda Parte

HORÓSCOPO SEMANAL

ARIES
Del 21 marzo
al 20 abril

Salud en buena forma, pero tómela suave esta noche y ... (8). Cuidado con los accidentes caseros.

TAURO
Del 21 abril
al 21 mayo

... (9) como merecen las demostraciones de cariño que le harán los que le quieren si desea mantener la armonía en el hogar.

GEMINIS
Del 22 mayo
al 21 junio

Procure no ... (10) el consejo del jefe de su equipo. Acepte todas las sugestiones que le ha hecho y se producirá una situación de importancia para el futuro.

CANCER
Del 22 junio
al 22 julio

Lleve a cabo ... (11) que su consorte desea, procurando de esta manera que no haya malentendidos en el hogar.

LEO
Del 23 julio
al 22 agosto

No deje vagar *la fantasía* . . . (12); es imposible reverdecer un amor muerto. La ilusión raramente resulta realizable.

VIRGO
Del 23 agosto
al 23 septbre.

Programe mejor *los gastos* . . . (13) que tenga que realizar y esto le traerá resultados muy provechosos para su economía.

LIBRA
Del 24 septbre.
al 23 octubre

Es buen momento para hacer nuevas amistades con el otro sexo. . . . (14) le favorecerán mucho en este sentido. *los astros*

ESCORPIO
Del 24 octubre
al 22 novmbre.

Cerciórese de . . . *cumplir* (15) las promesas que ha hecho a otros, sin olvidar aquello de: amor con amor se paga.

SAGITARIO
Del 23 novbre.
al 21 diciembr.

En . . . *los juegos* (16) de azar relacionados con cartas, encontrará muchas oportunidades de mejora económica.

CAPRICORNIO
Del 22 dicbre.
al 20 enero

Cuente con un mínimo apoyo por parte de la suerte. No . . . (17) *se desanime* cuando las cosas le salgan mal en un principio.

ACUARIO
Del 21 enero
al 20 febrero

Se dejará notar la influencia negativa de la suerte pasado mañana. El resto le resultará más . . . (18). *prometedor*

PISCIS
Del 21 febrero
al 20 marzo

No se deje llevar por las apariencias. Deje pasar la semana sin grandes . . . (19); tendrá muy pocas oportunidades de éxito. *pretensiones (aims, expectations)*

8. A descanse
   B haga ejercicio
   C trabaje
   D diviértase mucho

9. A Pida
   B Dé
   C Rechace
   D Acoja

10. A desestimar
    B dar
    C obedecer
    D recordar

11. A el problema
    B el dinero
    C las quejas
    D las tareas

12. A el cariño
    B el noviazgo
    C la fantasía
    D la ansiedad

13. A los artículos
    B los gastos
    C los intereses
    D los sueños

14. A Los novios
    B Los astros
    C Los afectos
    D Los cuidados

15. A alcanzar
    B fiarse
    C cumplir
    D resolver

16. A los negocios
    B las inversiones
    C los juegos
    D las gangas

17. A se regocije
    B se desanime
    C resista
    D aproveche

18. A monótono
    B importante
    C peligroso
    D prometedor

19. A pretensiones
    B dificultades
    C tendencias
    D influencias

LA TEMPORADA TEATRAL, AL DESNUDO

Jacinto Benavente solía decir que un beso en el primer acto engendra un niño en el tercero. Ahora, una mirada de deseo nada más alzarse el telón provoca una orgía a los dos minutos . . . Por lo menos, la cartelera teatral para la temporada que acaba de comenzar en Madrid así se nos anuncia: el destape sigue y aumenta, aunque no venga a cuento.

En el caso de la obra de Rafael Alberti, *El adefesio*, que se representa en la Reina Victoria, muchos espectadores aburridos aguantan hasta el final para ver el cuerpo, ciertamente bello, de Victoria Vera. Esta actriz es conocida ya en los ambientes teatrales españoles como 'La Salvadora' porque gracias a ella se registra movimiento ante la taquilla del teatro donde trabaja, al margen de la calidad de la obra. Puede decirse que con ella llegó el destape a los escenarios serios de la capital el año pasado.

La piel del limón quizá sea el único de los títulos que sugiere que detrás hay destape. Los teatros serios madrileños pueden enseñar ya toda la carne femenina, pero tratan de no pregonarlo a los cuatro vientos: es preferible que la gente se entere de oídas.

Naturalmente, el desnudo en los escenarios teatrales no ha sido inventado en España, sino que nos ha llegado con diez años de retraso. Fue en la primavera de 1966 cuando se estrenó en Londres el musical *Hair*, que ensayó por primera vez en Europa el desnudo teatral, aunque de forma tímida y con sorpresa. Inmediatamente antes del intermedio, dos parejas aparecían desnudas ocupando las cuatro esquinas del escenario, que se encontraba a propósito entre tinieblas. De repente se oían silbatos y varios policías irrumpían en el teatro gritando: 'Están todos ustedes detenidos por presenciar un espectáculo obsceno'. Como eran otros tiempos muchos espectadores pensaban que habían caído en una trampa si de antemano no estaban advertidos. Pero, en realidad, se trataba de actores vestidos de policía.

Al éxito de *Hair* siguieron los de otros musicales como ¡ *Oh, Calcuta*!, donde la falta de calidad de su música o libreto fue suplida por desnudos jamás vistos de forma prolongada en un teatro.

O sea, que si don Jacinto Benavente viviera.

Sábado Gráfico 8 de octubre de 1976

20. *En la nueva temporada teatral, según el articulo,*
    A reestrenarán muchas obras de Benavente.
    B las carteleras anuncian no poner destapes.
    C se prohibirán las orgías teatrales.
    ✓D habrá aun más desnudos que antes.

21. *¿Por qué ha recibido Victoria Vera el apodo* La Salvadora?
    A Su nombre es una garantía de calidad artística.
    ✓B Su nombre atrae a la gente aun para una obra mala.
    C Es el nombre de su papel en *El adefesio*.
    D Es el título de la obra que le trajo su fama.

22. *¿Cuál es la actitud de los teatros serios para con el destape?*
    A Lo anuncian en las carteleras.
    B Lo anuncian con títulos explícitos.
    ✓C Lo enseñan sin darle publicidad.
    D Lo evitan como la peste.

23. *El autor nos dice que el musical* Hair
    A se mantuvo unos diez años en Londres.
    B se estrenó en España hace 10 años.
    C sorprendió con la timidez de sus desnudos.
    ✓ D introdujo el destape teatral a Europa.

24. *¿Cómo se les engañó a algunos espectadores?*
    ⌣ A Los policías no lo eran en realidad.
    B Los desnudos no eran más que actores.
    C Los policías sólo detenían a las parejas.
    D Los desnudos se encontraban entre tinieblas.

25. *Según el escritor, la originalidad de* ¡Oh Calcuta! *consistió en que*
    A los desnudos lo eran de veras.
    B la música era de baja calidad.
    ✓C los desnudos quedaban así mucho tiempo.
    D el musical fue un triunfo en la taquilla.

DECIMA LECTURA

Primera Parte
Humor

—*Bueno, no está mal. Pero mi anterior secretaria pesaba menos. ¡Debe usted* —(1)— *un poco, señorita!*

(Semana)

1. A engordar
   B trabajar
   C adelgazar
   D descansar

77

—¿Lo ve? Si van a trabajar con nosotros, tiene que admitir esto: ¡cuando el director da una orden, ⌐(2)⌐, sea lo que sea!

(Semana)

2. A   se vuela
   B   se cumple
   C   se las da
   D   se opone

Información Meteorológica

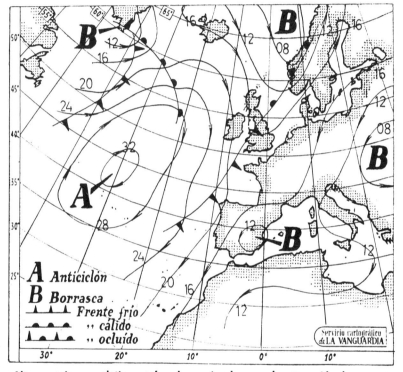

Altas presiones relativas sobre la península, con borrasca térmica en su centro

Ayer:
Internacional Las precipitaciones en Europa fueron muy limitadas, registrándose algunos chubascos en las islas Azores y en puntos de Escocia y Austria, lluvias y lloviznas en Irlanda y costa de Noruega, y tormentas muy aisladas en el sur de Italia. Los campos de nieblas y neblinas ocuparon gran parte del Continente, concretamente Centroeuropa y meridional. La nubosidad fue muy abundante en Islandia y Península Escandinava así como en todo el Oriente europeo.

Nacional Se registró abundante nubosidad en Galicia y Cantábrico, observándose alguna débil llovizna. Cielos totalmente despejados se apreciaron en Andalucía y litoral de Levante y nubes alternando con extensos claros en el Centro, Baleares y Canarias. Los vientos fueron de variadas direcciones, predominando las brisas en las costas. Las temperaturas aumentaron ligeramente.

Hoy *Calma, brisas y neblina*
Situación de presiones alrededor de 1.016 milibares para Cataluña y Baleares al nivel del mar. Caldeamiento diurno alto, permitiendo la formación de brisas de valle y marinadas bonancibles de la tarde. Nieblas y neblinas en mesetas y valles de la región durante la noche y primeras horas de la madrugada.

Mañana *Aumento térmico*
Al retirarse el flujo Norte-Noroeste, a la vez que las presiones vayan subiendo, determinará una mayor estabilidad en la región con aumento apreciable de las temperaturas. Nieblas y neblinas preferentemente en los valles y mesetas; mar poco agitada.

La Vanguardia 3 de agosto de 1977

3. *¿Hubo mucha lluvia ayer en el resto de Europa?*
   A Sí, hasta incluso tempestades y chaparrones.
   B Sí, llovió más en Irlanda y en Noruega.
   C No, excepto en las regiones más remotas.
   D No, no se registraron más que pequeñas cantidades.

4. *¿Dónde hubo tempestades ayer?*
   A En las islas Azores.
   B En Irlanda.
   C En la Italia meridional.
   D En gran parte de Europa.

5. *Y en España, ¿dónde hubo más nubes ayer?*
   A En el norte.
   B En el centro.
   C En las islas.
   D En el sur.

6. *¿Cuándo van a formarse las nieblas?*
   A De noche y muy de mañana.
   B Por la tarde.
   C Antes del anochecer.
   D Al amanecer.

7. *¿Cuál es el pronóstico?*
   A Las temperaturas van a estabilizarse.
   B Altas presiones, temperaturas menos altas.
   C Nieblas por todas partes, mar borrascosa.
   D Va a hacer más calor.

Segunda Parte

CUBA: LA VIDA COTIDIANA EN UN PAÍS SOCIALISTA

El joven explicaba, sin desmontar de su bicicleta: 'Antes de la revolución muchos niños pedían limosna o hacían de limpiabotas. Yo no pasé por eso porque tenía 10 años y mis padres se las arreglaban para que no tuviese que hacer ni una cosa ni otra, pero muchos amigos de mi edad vivían de ese modo'. Resulta más que obvio que el caso del joven de Ciego de Ávila no es aislado. En general, el pueblo cubano está con la revolución. Llama la atención que exista aún el racionamiento. Sólo un día a la semana se come carne y no toman leche más que los niños y los ancianos: un litro diario por persona. Claro que para compensar se pueden comprar libremente yogurs y helados en unos bares que llaman la atención por los poquísimos productos que en ellos se venden. A veces simplemente yogurs como única cosa que comprar o helados y alguna clase de dulces . . .

'Yo tengo tres hijos, uno de ellos en la Universidad, y estudian los tres sin que tenga que pagar yo un céntimo – explica un mecánico –. Antes esto era imposible. Yo gano 220 pesos al mes de los que unos sesenta se van en la comida. No vivimos con lujo, no podríamos en Cuba, pero estamos contentos del cambio los que hemos conocido al viejo régimen y el actual'.

Sería pintar un cuadro idílico asegurar que todos están contentísimos y que no hay queja alguna. No ya entre lo que el régimen castrista clasifica de *elementos antisociales*, sino incluso entre quienes están de acuerdo con la revolución, pero disienten en puntos concretos.

'Yo estoy con Castro, eso seguro, pero me pregunto por qué no podemos ir a España como ustedes vienen acá, o tener el pelo largo sin que te miren mal, o escuchar música inglesa sin que sea también mal visto'. Quien habla así es un estudiante de Biología.

'Yo preferiría una democracia de tipo occidental', explica otro muchacho universitario, 'porque aquí, si no eres del partido, no prosperas'.

Primera Plana 6 de octubre de 1977

8. *Según el joven ciclista, antes de la revolución cubana, muchos niños*
   A iban descalzos.
   B iban mejor vestidos.
   C daban limosna.
   D hacían trabajos ínfimos.

9. *De niño, el joven*
   A tenía su propia bicicleta.
   B hacía de limpiabotas.
   C vivía de limosna.
   D no trabajaba como muchos.

10. *A la mayoría de los cubanos les faltan*
    A carne y leche.
    B niños y ancianos.
    C yogurs y helados.
    D bares y productos.

11. *En Cuba los yogurs y helados*
    A escasean.
    B abundan.
    C son carísimos.
    D están racionados.

12. *Según el mecánico, los que conocían al país antes de Castro*
    A anhelan por el viejo régimen.
    B aprueban el régimen actual.
    C son los únicos que saben lo que era el lujo.
    D son el grupo que ha sido olvidado por Castro.

13. *Para el Gobierno los elementos antisociales son los que*
    A se oponen a Castro.
    B apoyan el régimen actual.
    C pintan un cuadro idílico de la Isla.
    D están de acuerdo con la revolución.

14. *El estudiante de Biología se queja de las dificultades*
    A de hablar abiertamente.
    B de oponerse a Castro.
    C de ir a España.
    D de cambiar el régimen.

15. *Dice también que en Cuba desaprueban*
    A a los músicos.
    B a los estudiantes.
    C el pelo largo.
    D el pelo corto.

16. *Dice otro estudiante cubano que es imposible hacer progresos en la vida sin*
    A salir de Cuba.
    B ser muy rico.
    • C ser occidental.
    D ser castrista.

15.000 HORAS DE TELEVISIÓN

Como es más que sabido, los americanos tienen la obsesión por las encuestas, las estadísticas y las noticias más rebuscadas sobre la actividad humana. Ahora, la Comisión de Encuestas Carnegie ha establecido una sobre los niños que se ha publicado en el semanario *Time*. Entre otras revelaciones hay la siguiente: el niño americano medio cuando llega a los dieciséis años ha mirado la televisión entre doce mil y quince mil horas, o sea más tiempo del tiempo que ha pasado en la escuela o en compañía de sus padres.

Realmente, quince mil horas de televisión en menos de dieciséis años, ya que los dos o tres primeros años no son válidos, son muchas horas de contemplar la pequeña pantalla. Pero pensamos que estas cifras no son tan exageradas, porque representan de dos a tres horas diarias, y muchos niños españoles también están sometidos a esta prueba, que realmente es dura para su educación. Con todo ello, nos damos cuenta de la enorme responsabilidad que gravita sobre la televisión en la sociedad moderna. Y sentimos mucho que pocas televisiones en el mundo – ninguna que yo conozco, hablando sinceramente – cumplen con su nivel informativo. Ignoramos la fuerza que tenemos en las manos, y si aportamos estos datos de las quince mil horas, queremos hacerlo porque en ocasiones las cifras más vulgares tienen mayor impacto.

La televisión, como la radio, no ha sida nunca considerada en la época moderna más que como un vehículo de una sociedad mercantil. Esto es inevitable en una sociedad como la de las democracias. En las sociedades absolutamente dirigidas, más que un bien de consumo, la televisión es un método de propaganda movido en una sola línea y resulta forzosamente deformador del espíritu humano.

En todos estos casos no nos damos cuenta de la tremenda arma que tenemos empuñada, por pura cercanía a los hechos y por su monótona cotidianeidad. Sin embargo, no habrá quien deje de espantarse ante estas quince mil horas infantiles consumidas viendo peliculas de dibujos animados, anuncios incomprensibles, noticias políticas asustantes y tantas y tantas otras cosas que convierten la civilización de hoy y de mañana en una pura incertidumbre.

Sábado Gráfico 8 de octubre de 1976

17. *Según el artículo, para los americanos las estadísticas son*
   A   una pérdida de tiempo.
   B   una pura manía.
   C   peligrosas.
   D   engañosas.

18. ¿*De qué trata la encuesta publicada en* Time?
   A   De los niños.
   B   De las cifras.
   C   De las obsesiones americanas.
   D   De la Comisión Carnegie.

19. *¿Cómo pasa un típico joven americano gran parte de su tiempo, según la encuesta?*
    A   En la escuela.
    B   En compañía de sus padres.
    C   Estudiando las estadísticas.
    D   Mirando la televisión.

20. *En España el problema de la televisión y los niños*
    A   se ha resuelto.
    B   es aun más grave.
    C   también es grave.
    D   casi no existe.

21. *Según el artículo, la mayoría de las televisiones del mundo*
    A   no dicen siempre la verdad a la gente.
    B   no informan de la manera debida.
    C   no reflejan los gustos de la sociedad.
    D   no hacen más que informar en las emisiones.

22. *El autor dice que ha expresado estas cifras para*
    A   indicar la falta de sinceridad de la televisión.
    B   cumplir con su nivel informativo.
    C   impresionarnos.
    D   refutarlas.

23. *Se insinúa que en las democracias modernas la televisión*
    A   ignora el poder de compra de la gente.
    B   ha hecho mucho para mejorar la vida.
    C   se ha convertido en un bien de consumo.
    D   tiene la obsesión por los problemas económicos.

24. *En las dictaduras la televisión*
    A   se emplea en reprimir a la gente.
    B   puede ser un medio de oponerse.
    C   a veces es un simple bien de consumo.
    D   considera las cuestiones bajo muchos aspectos.

25. *El autor pretende que no nos hemos dado cuenta de la influencia de la televisión porque*
    A   se ha hecho una cosa para niños.
    B   ya no le hacemos mucho caso.
    C   la vida se ha hecho más monótona.
    D   todavía no es más que propaganda.

PART TWO

Listening Comprehension

SELECCION-ESPAÑA:

Primer Programa

PROGRAMA DE LAS EMISIONES

1–10 **Noticias Nacionales** María Alonso y Antonio Romero
11–12 **El Mundo de la Publicidad**
13–18 **Esto y Aquello** Luis Sastre *Sugerencias para regalos*
19–25 **El Mundo de Amparo** Amparo Reyes *Francisco Vidal*

Todo se oirá dos veces

Noticias Nacionales

1. A   En ambulancia.
   B   En la galería.
   C   En el pozo.
   ✓D   En el sanatorio.

2. ✓A   Se derrumbó una galería.
   B   Hubo una explosión en la tercera planta.
   C   No pudieron iniciar la operación de salvamento.
   D   Los dos trabajaban en una galería prohibida.

3. A   Estaba con vida cuando le rescataron.
   B   Tenía graves lesiones.
   ✓C   Murió en el pozo.
   D   Tuvieron que llevarle al sanatorio.

4. A   Se escapó de la cárcel.
   B   Mató a un joyero y a su esposa.
   C   Asaltó a un escritor.
   ✓D   Asaltó un establecimiento.

5. A   A él también le han detenido.
   ✓B   Tiene antecedentes penales.
   C   Él fue quien tenía la escopeta.
   D   Lo confesó todo a la policía.

6. A   No había trabajo para ellos.
   B   El otro lo había planeado.
   ✓C   Estaban faltos de dinero.
   D   El dueño le había amenazado.

7. A Los delincuentes iban armados.
   B Se escondía en otra parte.
   C Su mujer no tenía escopeta.
   D Su mujer les entregó las joyas.

8. A De Mallorca.
   B De Jordania.
   C De Grecia.
   D De Son San Juan.

9. A Los hijos del Rey Hussein.
   B Personalidades mallorquinas.
   C Los Reyes de Grecia.
   D Unos militares griegos.

10. A A la casa de doña Mercedes.
    B A una casa de huéspedes.
    C A una residencia real.
    D Al palacio de la reina Federica.

El Mundo de la Publicidad

11. A Un encendedor.
    B Un aparato de sonido.
    C Un calendario.
    D Un reloj de pulsera.

12. A Un tocadiscos.
    B Un ciclomotor.
    C Un escúter.
    D Un coche.

Esto y Aquello Sugerencias para regalos

13. A No, porque Papá Noël no existe.
    B No, porque las sugerencias hacen gracia.
    C Sí, porque es mejor dar regalos memorables.
    D Sí, porque dar regalos es muy difícil.

14. A Uno navideño.
    B Uno costoso.
    C Una casita.
    D Un caballo.

15. A   Para el dueño de un restaurante chino.
    B   Para el jefe que esté loco por la comida china.
    C   Para el jefe que no guste de la comida china.
    D   Para el que sirva la comida al jefe.

16. A   Un abrigo de pieles.
    B   Un visón. MINK
    C   Un diario.
    D   Un hombre amado.

17 A   Para cortarle las alas.
    B   Porque los necesita al principio.
    C   Para llevar recados.
    D   Porque ya tiene un coche.

18. A   Que llame la atención.
    B   Que trate de complacer.
    C   Que tenga adjunto un mensaje.
    D   Que pase inadvertido.

El Mundo de Amparo Francisco Vidal

19. A   En ser protagonista de Falla.
    B   En su papel de cura.
    C   En su papel de cronista de radio.
    D   En ser actor de cine.

20. A   Desatarse de su antiguo papel.
    B   Ser el astro de *Crónicas de un pueblo*.
    C   Quitarse de la vista del público.
    D   Probar fortuna en el cine.

21. A   Sigue tan inconstante como antes.
    B   Le considera algo viejo.
    C   Se acuerda de él como cura.
    D   Le escriba cartas.

22 A   Siete horas.
    B   Seis meses.
    C   Una hora.
    D   Todo depende del público.

23. A   El rodaje ha durado seis meses.
    B   El actor tiene más de sesenta años.
    C   Falla sólo tenía veintitrés años.
    D   El papel abarca unos cuarenta años.

24. A Luchaba con todo el mundo.
    B Muy extrovertido.
    C Atormentado y difícil.
    D Tenía muchos enemigos.

25. A Porque acaba de firmar los contratos.
    B Porque quedan por firmar los contratos.
    C La situación cambia de un momento a otro.
    D Hay posibilidades de trabajar en el cine.

SELECCION-ESPAÑA:

Segundo Programa

PROGRAMA DE LAS EMISIONES

1–8   **Noticiero Americano** Amparo Reyes y Antonio Romero
9–10   **El Mundo de la Publicidad**
11–18 **El Mundo de Luis Sastre** Luis Sastre *Juan Navarro*
19–25 **Noticiero Artístico** María Alonso *Papá Bolero*

Todo se oirá dos veces

Noticiero Americano

1. A Formar otro gabinete.
   B Consultar al gabinete.
   C Recibir su nombramiento.
   D Informarse sobre sus fuentes.

2. A Que hubiese un estado de alarma.
   B Que hubiese dado el mentís a los rumores.
   C Que pudiese haber un golpe de estado.
   D Que pudiese desplazarle el gabinete.

3. A Los puso en el exilio.
   B Los condenó a muerte.
   C Los hizo fusilar.
   D Los hizo detener.

4. A Las engulló una serpiente.
   B Las picó una serpiente.
   C Se ahogaron en el río.
   D Se perdieron en la selva.

5. A Estaba a ras del suelo.
   B Estaba a nivel del agua.
   C Estaba en Lima.
   D Estaba elevada.

6. A Su casa estaba allí.
   B Tenía que guardar a sus animales.
   C Iba en busca de la boa.
   D Iba de caza.

91

7. A Había dos cadáveres.
   B Nadie le esperaba.
   C Sus animales habían desaparecido.
   D Su mujer y su hijo se habían escondido.

8. A El esposo no encontró a su familia.
   B Unos conocedores la habían visto.
   C Había cierta baba en la cama.
   D Había mucha sangre en el suelo.

El Mundo de la Publicidad

9. A Un aperitivo.
   B Un perfume.
   C Un frigorífico.
   D Un atomizador.

10. A Una hoja de afeitar.
    B Una rasuradora.
    C Una espuma de afeitar.
    D Una maquinilla.

El Mundo de Luis Sastre Juan Navarro

11. A La política vasca.
    B Su influencia personal.
    C La industria pesada.
    D Su buena fortuna.

12. A Medidas económicas.
    B Dimisiones ministeriales.
    C Un cambio de Gobierno.
    D El ascenso de cuatro ministros.

13. A Tiene que ver con la política.
    B No tiene motivo oculto.
    C La realización de fondos económicos.
    D La salida del ministro de Economía.

14. A Era más o menos inevitable.
    B Era fácilmente remediable.
    C Era una catástrofe.
    D Era increíble.

15. A Sí, porque ha habido un cambio total de Gobierno.
    B Sí, porque hay un nuevo enfoque político.
    C No, porque las personalidades son las mismas.
    D No, porque no ha cambiado nada fundamental.

16. A Hay un Gobierno totalmente nuevo.
    B Hay nuevas figuras.
    C Han cambiado personalismos.
    D Hay más personajes desconocidos.

17. A No, es un político, nada más.
    B No, porque tiene un negocio bastante pequeño.
    C Sí, porque el periodista lo afirmó.
    D Sí, porque es el nuevo ministro de Economía.

18. A No emplea más que diez personas.
    B Vende cuadros.
    C No es empresario.
    D Abusa de su posición.

· *Noticiero Artístico* Papá Bolero

19. A Ha tenido mucho éxito.
    B Ha tenido poco éxito.
    C RTVE acaba de ponerla.
    D Esperan llevarla a escena por toda España.

20. A Por su adaptación musical de un poema.
    B Por su serie televisiva.
    C Por el espectáculo *Papá Bolero*.
    D Por los poemas que habían escrito antes.

21. A No lo presentan más que una vez por semana.
    B No es una obra verdaderamente original.
    C Las dos partes no se corresponden una con otra.
    D Hubieran debido dividirla en dos partes distintas.

22. A Bailan en lugar de cantar.
    B Se trata de un asunto histórico.
    C Han suprimido la música.
    D La música cuenta una historia.

23. A No había trabajo en las minas de su patria.
    B Había muchas barreras raciales en su patria.
    C Iba en búsqueda del éxito artístico.
    D Quería estudiar con los grandes bailarines.

24. A De que había sido engañado por los neoyorquinos.
    B De que sus sueños habían sido falsos.
    C De que nunca le permitirían bailar allí.
    D De que allí no les gustaba la fantasía del baile.

25. A La coreografía de Manuel Picón.
    B El acompañamiento musical.
    C La hermosura de la escenificación.
    D El canto de los bailarines.

SELECCION-ESPAÑA:

Tercer Programa

PROGRAMA DE LAS EMISIONES

1–9   **Noticias** María Alonso y Antonio Romero
10–11 **El Mundo de la Publicidad**
12–17 **El Mundo de Amparo** Amparo Reyes: *La Familia española*
18–25 **Cronica Deportiva** Luis Sastre: *Tenis, fútbol, natación.*

Noticias

1. A Tuvo que pasar muchos años en Madrid.
   B Ayer le eligieron del comité ejecutivo.
   C Acaba de volver a España.
   D Acaban de detenerle en Sevilla.

2. A Para mantener la paz.
   B Para disolver a los manifestantes.
   C Para detenerle.
   D Para recibirle.

3. A Se manifestaron.
   B Se marcharon.
   C Le protegieron contra la policíca.
   D Le despidieron pacíficamente.

4. A El ladrón iba solo y desarmado.
   B La escena del robo fue una sucursal céntrica.
   C El ladrón se marchó sin el efectivo.
   D Nadie vio entrar al desconocido.

5. A Al gerente.
   B Al presidente.
   C A los funcionarios.
   D A un ciudadano.

6. A El desconocido era uno de sus amigos.
   B Estaba con los empleados.
   C No lo había.
   D Acababa de marcharse.

7. A   Había podido saltar el mostrador.
   B   Había mucha gente en la calle.
   C   Se había llevado el botín.
   D   Había desarmado a los empleados.

8. A   No sospechaban que iba armado.
   B   No querían hacerles daño a los peatones.
   C   Podía tener un cómplice armado.
   D   Podía tener armas en la bolsa de plástico.

9. A   En el hospital.
   B   En el retrete.
   C   En el bar.
   D   En la comisaría.

El Mundo de la Publicidad

10. A   Un despertador.
    B   Un somnífero.
    C   Un colchón.
    D   Un pijama.

11. A   Una secadora.
    B   Una cocina.
    C   Una lavavajillas.
    D   Una lavadora.

El Mundo de Amparo La familia española

12. A   Al 52 por 100 de los encuestados.
    B   Al 7 por 100 de los encuestados.
    C   A los menos pesimistas.
    D   A los más soñadores.

13. A   Estaban muy satisfechos.
    B   Habían sido demasiado optimistas.
    C   No quisieron contestar.
    D   No habían esperado mucho.

14. A   Los que tienen conciencia de las distinciones de clase.
    B   Los que tienen conciencia de las condiciones económicas.
    C   La clase obrera.
    D   La clase media.

15. A   Llevarse bien en el terreno sexual.
    B   Tener hijos.
    C   Vivir un amor intenso y prolongado.
    D   No envejecer solos.

16. A   Por la definición que dieron de "familia".
    B   Por el número de hijos que tiene la familia media.
    C   Por las preguntas que hicieron los encuestados.
    D   Por las respuestas de las parejas sin hijos.

17. A   Es de carácter permisivo.
    B   Es un pecado mortal.
    C   No es una familia.
    D   Sí es una familia.

Crónica Deportiva

18. A   Es para jugadores jóvenes.
    B   Es para los de más de 20 años.
    C   Es el tercero de la serie.
    D   Hay preselección.

19. A   Perdiendo 2–1 contra Australia.
    B   Ganando 3–2 contra Australia.
    C   Derrotando a Francia.
    D   En la final del torneo.

20. A   Jugando en el partido de ida.
    B   Derrotando al Liverpool.
    C   Venciendo al Borussia.
    D   Siendo campeón de la Recopa.

21. A   Dos goles a cero.
    B   Victoria del Borussia.
    C   Tres goles a uno.
    D   Victoria del Anderlecht.

22. A   Keegan fue artífice del triunfo contra el Liverpool.
    B   Keegan es artífice de las victorias del Hamburgo.
    C   Keegan va a fichar por el Hamburgo.
    D   Keegan juega contra su antiguo club.

23. A   Empezaron de una forma espectacular.
    B   Pueden no haber sido tan brillantes.
    C   Quizá hayan sido más espectaculares.
    D   Se celebraron fuera de Europa.

24. A   El triunfo de Peter Nocker.
    B   La final de 100 metros libres.
    C   La supremacia de las alemanas.
    D   Lo flojas que son las alemanas.

25 A   Estableció un nuevo tiempo récord.
    B   Ganó contra las alemanas.
    C   Nadó por última vez.
    D   Volvió a afirmar su superioridad.

SELECCION-ESPAÑA:

Cuarto Programa

PROGRAMA DE LAS EMISIONES

1–5   **Noticiero Americano** María Alonso
6–9   **Información Meteorólogica** Amparo Reyes
10–11 **El Mundo de la Publicidad**
12–17 **Noticiero Artístico** Antonio Romero
18–25 **El Mundo de Luis Sastre** Luis Sastre con *Consuelo Castro*

Noticiero Americano

1. A Dos.
   B Cuatro.
   C Seis.
   D Siete.

2. A Eran del ERP.
   B Tenían letreros.
   C Algunos eran chilenos.
   D Algunos eran bonaerenses.

3. A Fue matado a puñaladas.
   B Fue matado a tiros.
   C Le atropelló un coche.
   D Le estrangularon unos extremistas.

4. A Se opone a los revolucionarios.
   B Se opone a la ultra-izquierda.
   C Va perdiendo su influencia.
   D Es una organización clandestina.

5. A Es una guerra de propaganda, nada más.
   B Es una guerra entre extremistas armados.
   C Acaba de iniciarse.
   D Empezó hace un año.

Información Meteorólogica

6. A El cielo ha estado cubierto.
   B Galicia ha tenido lluvias.
   C Ha hecho algo de frío.
   D Ha hecho buen tiempo.

7. A En el litoral catalán.
   B En las comarcas altas del interior.
   C En los Pirineos occidentales.
   D En valles y costas.

8. A En el litoral catalán.
   B En las comarcas altas del interior.
   C En los Pirineos occidentales.
   D En valles y costas.

9. A Hará frío.
   B Hará calor.
   C Lloverá.
   D Nevará.

El Mundo de la Publicidad

10. A Una calculadora.
    B Una estilográfica.
    C Un lapicero.
    D Un bolígrafo.

11. A Un cortacésped.
    B Un cortalápices.
    C Un encendedor.
    D Un cuchillo.

Noticiero Artístico

12. A Un largo poema épico.
    B Una novela amorosa.
    C Una colección de poemas cortos.
    D Cincuenta y cinco páginas.

13. A En Barcelona.
    B En Cádiz.
    C En Madrid.
    D En Valencia.

14. A Es cacique.
    B Es andaluz.
    C Es novelista.
    D Es universitario.

15. A   Una nueva galería de arte.
     B   Una exposición de óleos.
     C   Una subasta de cuadros.
     D   El descubrimiento de un nuevo Goya.

16. A   Nunca antes habían subastado un Goya.
     B   Es la primera vez que se ha visto este Goya.
     C   Es la primera vez que *Durán* ha vendido óleos.
     D   Nunca antes había comprado *Durán* un Goya.

17. A   Casi 4 millones de pesetas.
     B   Casi 9 millones de pesetas.
     C   Un poco más de 3 millones de pesetas.
     D   Alrededor de un millón y medio de pesetas.

El Mundo de Luis Sastre Consuelo Castro

18. A   Sus pruebas resultaron negativas.
     B   Tuvo que representar tipos teatrales.
     C   Le pidieron que actuase en el teatro.
     D   Le dieron vestidos nuevos.

19. A   Le parecía muy falsa.
     B   Le daba miedo la cámara.
     C   Tenía un vestuario poco adecuado.
     D   Quería teñirse el pelo.

20. A   En el humor.
     B   En los guiones.
     C   En el papel protagonista.
     D   En *Las Condenadas*.

21. A   El tema no lo exigía.
     B   Era el papel protagonista.
     C   Se negó a hacerlo.
     D   Al director no le gustaba su cuerpo.

22. A   Todo.
     B   Nada.
     C   La ropa inferior.
     D   La ropa superior.

23. A   La rodaron en un hotel.
     B   Otra actriz la hizo.
     C   Consuelo se desnudó parcialmente.
     D   Consuelo consintió en hacerla.

24. A   Del desnudismo del cine moderno.
    B   De la violencia de la pantalla.
    C   De las películas que pretenden ser "serias".
    D   Del papel que le dieron en *Las Condenadas.*

25. A   No sale mucho.
    B   Le cansa mucho.
    C   Hay pocas restricciones.
    D   Es un truco publicitario.

SELECCION-ESPAÑA:

Primera prueba

Primera Sección

Para empezar, usted oirá una serie de observaciones. Después de oírlas dos veces usted escogerá entre las cuatro alternativas la persona que está hablando. ¿Quién habla?

1. A Un taquillero.
   B Un lotero.
   C Un banquero.
   D Un economista.

2. A Una modista.
   B Una modelo.
   C Una cliente.
   D Una meteorologista.

3. A Un instructor de conducción.
   B Un jefe de estación.
   C Un vendedor de coches.
   D Un vendedor de máquinas de lavar.

4. A Un director de galería.
   B Un artista.
   C Un decorador.
   D Un viajante.

5. A Un productor de cine.
   B Un actor de cine.
   C Un aficionado al cine.
   D Un director de cine.

Ahora, escoja usted la contestación que más convenga después de oír dos veces una pregunta o una observación.

6. A Preferiría salir si quieres.
   B Con tal que nos quedemos aquí en casa.
   C Gracias no. Me voy a dar una vuelta.
   D Hoy no. Tengo demasiado sueño.

7. A   Sólo aspiraba a lograr tu felicidad.
   B   Es verdad que me has ayudado mucho.
   C   Claro que me vas lisonjeando mucho, ¿verdad?
   D   No es necesario que me agradezcas así.

8. A   Me gustas mucho, pero eso no puede ser.
   B   Está bien, hombre; no te enfades tanto.
   C   Así es que me quieres dar calabazas.
   D   Los hombres sois asquerosos; no me riñas así.

9. A   No hubieras debido casarte tan joven.
   B   No hay remedio. Tendré que pedírselo a papá.
   C   No quiero prestarte ni una sola peseta más.
   D   No los llevo encima. Voy a buscarlos ahora mismo.

10. A   La verdad: me parece una bañera algo pequeña.
   B   Dice el gerente que el agua se ha cortado.
   C   Me parece que puede ser agua con gas.
   D   He oído algo sobre ciertas algas peligrosas.

Segunda Sección

Situación: *Un periodista se entrevista con el portavoz de una compañía aérea. La policía acaba de realizar una dramática operación de rescate de los pasajeros de un avión tras un secuestro por un par de terroristas. Después de oír dos veces las contestaciones del portavoz, tendrá usted que escoger las preguntas que las han producido.*

11 A   ¿Cómo pudieron los terroristas escaparse?
   B   ¿Por qué no descubrieron a los terroristas?
   C   ¿Dónde se escondieron los terroristas en el avión?
   D   ¿De qué se trataba en el secuestro?

12. A   ¿Dónde tenían sus armas los secuestradores?
   B   ¿Cuáles fueron las peticiones de los secuestradores?
   C   ¿Cómo efectuaron el secuestro los terroristas?
   D   ¿Que hicieron los terroristas tras ver a la policía?

13 A   ¿Cómo reaccionaron los pasajeros?
   B   ¿Por qué había tanto peligro?
   C   ¿Cómo reaccionó el piloto?
   D   ¿Por qué les dio miedo el ataque?

14. A ¿Cuál fue la reacción de las autoridades?
    B ¿Qué les ofreció el Gobierno impotente?
    C ¿Cuántos terroristas había en el grupo?
    D ¿Qué pidieron los dos secuestradores?

15. A ¿Cuándo supieron los terroristas que habían ganado?
    B ¿Cuál fue el mayor problema para la policía?
    C ¿Cuál fue el peor momento para los pasajeros?
    D ¿Cuándo supieron los pasajeros que iban a sobrevivir?

16. A ¿Cómo se apoderaron los terroristas del avión?
    B ¿Qué hicieron los policías al bajar del avión?
    C ¿Qué hicieron los pasajeros para protegerse?
    D ¿Cómo se realizó la operación de rescate?

17. A ¿Por qué tuvieron los terroristas que abandonar el avión?
    B ¿Qué hacían los pasajeros cuando llegaron los policías?
    C ¿Qué hicieron los secuestradores al bajar del avión?
    D ¿Cómo subió el comando policial sin ser visto por los terroristas?

18. A ¿Por qué tuvieron miedo las azafatas?
    B ¿Cómo están los rescatados ahora?
    C ¿Cómo estaban los pasajeros antes del ataque?
    D ¿Por qué no ofrecieron resistencia los secuestradores?

Tercera Sección

Para terminar la prueba, van ustedes a oír dos veces una narración que se titula: El Temor a Salir de Noche.

EL TEMOR A SALIR DE NOCHE

19. A Que las calles están más atestadas.
    B Que hay influencia norteamericana.
    C Que es peligroso salir de noche.
    D Que el problema ha sido exagerado.

20. A Los dirigentes de las salas de espectáculos.
    B Los delincuentes callejeros.
    C Los que representan la opinión pública.
    D Los clientes de las salas de espectáculos.

21. A   Que la gente es más rica.
    B   Poca diferencia en el número de sus clientes.
    C   Gran diferencia en el número de sus clientes.
    D   Que hay más delincuentes.

22. A   Van acompañadas de personas mayores.
    B   Rondan las calles alrededor del club.
    C   Piden que se les acompañe a buscar taxis.
    D   Muchos han dejado de salir de noche.

23. A   No está de acuerdo con Ginés Gavilán.
    B   Trabaja más lentamente.
    C   Está conforme con Ginés Gavilán.
    D   Hay más clientes que nunca.

24. A   La información no existe.
    B   Los datos los tiene la Policía.
    C   Se estudia el problema.
    D   Se necesita una visión de conjunto.

25. A   Ha habido grandes cambios.
    B   La delincuencia va en aumento.
    C   La delincuencia va disminuyendo.
    D   La situación sigue igual.

SELECCION-ESPAÑA:

Quinto Programa

PROGRAMA DE LAS EMISIONES

1–9 **Noticias** María Alonso y Antonio Romero
19–11 **El Mundo de la Publicidad**
12–16 **Esto y Aquello** *El cartel de cine*, con María Alonso.
17–25 **El Mundo de Amparo** Amparo Reyes: *La Lucha de la Mujer*

Noticias

1. A   Perecieron asfixiados.
   B   Hubo una explosión.
   C   El avión chocó con otro.
   D   El avion se incendió en el aire.

2. A   Estaban para aterrizar.
   B   Estaban para despegar.
   C   Combatían un incendio.
   D   Hacían un vuelo de ensayo.

3. A   Del lugar del suceso.
   B   De la ría de Arosa.
   C   De Villagarcía.
   D   De Labacolla.

4. A   Acudieron al lugar.
   B   Cerraron la base.
   C   Abandonaron las operaciones.
   D   Hicieron volver los otros dos aviones.

5. A   Se consumieron en el incendio.
   B   Se esparcieron por todas partes.
   C   Los ocupantes fueron proyectados del avión.
   D   No quedaba más que la radio.

6. A   Les parecía una cosa inexplicable.
   B   Les parecía que iba a tomar más agua.
   C   Les parecía que el piloto no sabía la ruta.
   D   Les parecía una consecuencia del incendio.

7. A   Después de una invasión turca.
   B   Con la anexión de Chipre.
   C   Bajo la protección del Imperio Británico.
   D   A principios de los años 60.

8. A   Partieron en dos la isla.
   B   Eliminaron la Línea Atila.
   C   Establecieron el régimen de los coroneles.
   D   Ocuparon toda la isla.

9. A   La imposición de la Línea Atila.
   B   Más paz.
   C   Más violencia.
   D   Una guerra internacional.

El Mundo de la Publicidad

10. A   Coleccionistas de discos.
    B   Aficionados a la música clásica.
    C   Coleccionistas de libros.
    D   Aficionados a los monstruos.

11. A   Cuatro álbumes gratis.
    B   Un álbum gratis cada cuatro.
    C   Albumes de segunda mano.
    D   Versiones originales de orgías.

Esto y Aquello El cartel de cine

12. A   Porque con él, es doble o nada.
    B   Porque no querían sustituir al tigre.
    C   Porque no se deja sustituir.
    D   Porque quería salvarle la vida a una actriz.

13. A   Salir perdiendo.
    B   Casarse con su amante.
    C   Morder al tigre.
    D   Dar una bofetada al animal.

14. A   El de un jefe de Policía.
    B   El de un director de cine.
    C   El de un joven enamorado.
    D   El de un amante de mediana edad.

15. A   En no reconocer sus puntos flacos.
    B   En dejar de comprender la juventud.
    C   En dejar de representar la edad que tiene.
    D   En no poder extender su vida.

16. A   Porque habla perfectamente francés e inglés.
    B   Porque es atractivo y de edad madura.
    C   Porque seduce a las mujeres.
    D   Porque es viejo pero muy activo.

El Mundo de Amparo La Lucha de la Mujer

17 A   Es hombre de izquierda.
    B   Es hombre de derecha.
    C   Busca la supervivencia de las tradiciones.
    D   Apoya a las clases directoras.

18. A   Es ella quien alumbra.
    B   Es ella quien debe cuidar a los niños.
    C   Porque le faltan los valores guerreros.
    D   Porque siempre ha admirado a los machos.

19. A   La familia está en plena decadencia.
    B   La civilización ha cambiado mucho.
    C   Las mujeres ya no quieren aceptarla.
    D   Los hombres inventaron el trabajo.

20. A   Han perdurado.
    B   Son tan esenciales como antes.
    C   Las mujeres ya no los admiran.
    D   Ya no son tan necesarios.

21. A   Es muy partidario de ella.
    B   Le parece una verdad a medias.
    C   Solo es válida para la clase media.
    D   Le parece totalmente absurda.

22. A   Son enemigos naturales.
    B   La igualdad es imposible biológicamente.
    C   Proviene de la lucha de clases.
    D   Tienen los mismos objectivos fundamentales.

23. A   El mito de la igualdad.
    B   La unidad antropológica.
    C   El mito del machismo.
    D   La teoría del Frente.

24. A   Sería un cambio demasiado violento.
    B   Podría haber una guerra imprevista.
    C   Empezarían a explotar a los hombres.
    D   Podría indicar el fin del género humano.

25. A   Las mujeres son de naturaleza menos agresivas.
    B   Ningún sexo sería dominado por el otro.
    C   Ha decaído mucho el prestigio de la guerra.
    D   Ya no habría soldados para luchar.

SELECCION-ESPAÑA:

Sexto Programa

PROGRAMA DE LAS EMISIONES

1–9   **Esto y Aquello** Amparo Reyes y Antonio Romero *Página del disco*
10–12 **El Mundo de la Publicidad**
13–17 **Crónica Deportiva** Luis Sastre *Domingo Roca*
18–25 **Comedia Radiofónica** *La vida con Mamá*

Esto y Aquello Página del disco

1. A *La Página del disco*
   B María Alonso.
   C Una nueva compañía de discos.
   D Un nuevo álbum.

2. A Dar publicidad a un cantante.
   B Apoyar un festival.
   C Ganar un premio.
   D Influir en el Jurado.

3. A Graba canciones poco originales.
   B No les gusta a los aficionados.
   C Una manera de cantar un poco extravagante.
   D Un estilo poco expresivo.

4. A Dos nuevos álbumes.
   B Diez títulos.
   C La obra de un grupo.
   D Muchos álbumes populares.

5. A Sufre de inestabilidad de interpretación.
   B Tiene interés para todos.
   C No será popular de ningún modo.
   D Tendrá un interés limitado.

6. A Sorprende con la originalidad de su música.
   B Está trabajando en Miami.
   C Está grabando *Quédate*.
   D Está de gira en Miami.

7. A Acaba de cumplir los 25 años.
   B Acaba de celebrar sus bodas con "La Piriñaca".
   C Por llevar 25 años de cantante.
   D Por haber empezado tan joven.

8. A Ha grabado un disco con Luis Lucena.
   B Cuando joven cantaba como nadie.
   C Se llama "La Piriñaca".
   D Aunque vieja, canta muy bien.

9. A El álbum de la tía Marica.
   B Música folklórica.
   C Un disco recién lanzado.
   D Un álbum de canciones religiosas.

El Mundo de La Publicidad

10. A Espumoso.
    B Brut o Seco.
    C Dulce o Semi-Seco.
    D Aperitivo.

11. A Dulce.
    B Seco.
    C Mariscos.
    D Postres.

12. A Limpiar el corcho.
    B Colocar la botella en la nevera.
    C Empezar por llenar las copas de los demás.
    D Averiguar si hay partículas de corcho.

Crónica Deportiva Domingo Roca

13. A El Gimnástico de Tarragona.
    B El Barça.
    C Un club para jóvenes.
    D Un club de gran envergadura.

14. A Por no ser madrileño o barcelonés.
    B Porque el club le ha provisto de una casa.
    C Porque los otros clubs serían menos fuertes.
    D Por ser fiel al "Nástic".

15. A   Le ha demostrado poca lealtad.
    B   Se niega a trasladarle.
    C   Saca jugadores locales.
    D   Tiene poca afición local.

16. A   Tiene experiencia con otros equipos.
    B   Es muy resuelto.
    C   Comete pocas faltas.
    D   Es jugador que hace de todo.

17. A   Tener mejor suerte que antes.
    B   Continuar como miembro del equipo.
    C   Ganar más dinero.
    D   Ganar el campeonato.

Comedia Radiofónica La vida con Mamá

18. A   Un comedor de restaurante.
    B   Un salón de fiestas.
    C   Una casa de la clase media.
    D   Una casa aristocrática.

19. A   Al final de una comida especial.
    B   Al principio de un almuerzo ordinario.
    C   Al final de una cena-homenaje.
    D   Al principio de un banquete.

20. A   Anunciar su boda.
    B   Presentar un número cómico.
    C   Mudarse de casa.
    D   Decirles algo.

21. A   Muy seria.
    B   Poco seria.
    C   Es un aguafiestas.
    D   Hace un secreto de algo.

22. A   Hacer tonterías.
    B   Visitar varios lugares.
    C   Tener un asno.
    D   Enamorarse todo el tiempo.

23. A   Fue su cumpleaños.
    B   Se casó.
    C   Se cayó enamorada.
    D   Empezó a viajar.

24. A   Sentirse avergonzada.
    B   Ajustar a los ideales de la burguesía.
    C   Desafiar a los de la burguesía.
    D   Dedicarse a los quehaceres domésticos.

25. A   Acompañaba a los excursionistas.
    B   Era un hombre muy excéntrico.
    C   Conducía el autocar.
    D   No quería quedarse con los otros excursionistas.

SELECCION-ESPAÑA:

Séptimo Programa

PROGRAMA DE LAS EMISIONES

1–7 **Noticias** María Alonso y Antonio Romero
8–9 **El Mundo de la Publicidad**
10–17 **Panorama Hispánico** Amparo Reyes *Disturbios en el Perú*
18–25 **Comedia Radiofónica** *La vida con Mamá*

Noticias

1. A A finales de septiembre.
   B A principios de agosto.
   C La fecha queda por decidir.
   D Se ha decidido la fecha ya.

2. A Trece.
   B Nueve.
   C Cinco.
   D Cuatro.

3. A Como siempre, son muy cordiales.
   B Sólo existen al más alto nivel.
   C Aún no hay embajadores.
   D Acaban de nombrar a los embajadores.

4. A El anuncio de las noticias.
   B El rompimiento de relaciones.
   C El nombramiento de embajadores.
   D El retiro de los embajadores.

5. A Ha habido algunos problemas administrativos.
   B Ha habido una disputa entre los dos países.
   C Han tenido que anunciarlo oficialmente.
   D Han tenido que precisar las dificultades.

6. A Los embajadores.
   B Los ministerios.
   C Las representaciones.
   D Las indemnizaciones.

7. A Sus indemnizaciones.
   B Sus bienes.
   C Su trabajo.
   D Su autoridad.

El Mundo de la Publicidad

8. A Una estación deportiva invernal.
   B Un lugar de veraneo cerca de Sofía.
   C Un barrio de Sofía.
   D El nombre de una agencia de viajes.

9. A Porque es una visita algo cara.
   B Porque el precio lo incluye todo.
   C Porque hay muchas excursiones.
   D Porque habrá pocos turistas.

Panorama Hispánico Disturbios en el Perú

10. A Renunció en favor de otro.
    B Encarceló a los manifestantes.
    C Censuró a su presidente.
    D Suprimió la libertad de prensa.

11. A Se hicieron eco de las protestas.
    B Se enfrentaron con los huelguistas.
    C Se dispersaron ante los piquetes.
    D Se separaron de los soldados.

12. A El paro dispuesto por los huelguistas.
    B El cierre de sus fábricas.
    C La violencia de las fuerzas.
    D La política económica del Estado.

13. A El de despedir a los implicados en la huelga.
    B El de enviar por las fuerzas.
    C El de adherirse al paro.
    D El de volver a emplear a los huelguistas.

14. A No es posible despedirlos.
    B Han causado otra huelga.
    C Habrá sanciones contra ellos.
    D Los han despedido las empresas.

15. A Fue una protesta por los bajos salarios.
    B Fue una protesta por el paro generalizado.
    C Fue una consecuencia del movimiento revolucionario.
    D Fue una consecuencia de la indecisión del Gobierno.

16. A Ha fortalecido al Gobierno.
    B Ha debilitado al Gobierno.
    C Fue suprimida.
    D Fue ilegal.

17. A El racionamiento de comestibles.
    B Una subida de precios.
    C La desvalorización.
    D El desempleo.

Comedia Radiofónica La vida con Mamá

18. A Sí, porque era su primer amor.
    B Sí, aunque no dijo nada a su marido.
    C Sí, porque sentía lo mismo que antes.
    D Sí, porque le gustaba más que su marido.

19. A No quiere meter la pata.
    B Queda callado.
    C Siente lo mismo que su madre.
    D No le gusta la idea.

20. A Parece muy preocupado.
    B No le gusta el adulterio.
    C Siente lo mismo que Rafael.
    D Está contento con la idea.

21. A Se parece al marido de Adela.
    B Es un hombre culto.
    C Es director de un instituto.
    D Es novelista.

22. A No, porque sólo tiene cuatro clases.
    B No, porque no puede permitirse un coche.
    C Sí, porque es amigo de Ramiro de Maeztu.
    D Sí, porque es profesor de latín.

23. A En una casa de huéspedes.
    B En un cuarto de Ramiro de Maeztu.
    C Con Adela.
    D No tiene donde vivir.

24. A Sí, porque él la hace feliz.
    B Sí, porque Adela quiere casarse con él.
    C No, no hacen más que salir juntos.
    D No, apenas se conocen.

25. A Don Fernando ya tiene esposa.
    B Adela ya tiene marido.
    C No tienen casa propia.
    D No existen relaciones íntimas entre ellos.

SELECCION-ESPAÑA:

Octavo Programa

PROGRAMA DE LAS EMISIONES

1–9   **Noticiero Artístico** Amparo Reyes y Antonio Romero
10–11 **El Mundo de la Publicidad**
12–17 **Crónica Deportiva** Luis Sastre *La Copa del Generalísimo*
18–25 **Comedia Radiofónica** *La vida con Mamá*

Noticiero Artístico

1. A Debe casi 4 millones de pesetas.
   B Una ópera suya resultó mal.
   C No se presentó para su concierto.
   D Goza de una fama mundial.

2. A A causa de las pérdidas.
   B A causa de la intemperie.
   C Porque la diva se había ido a una velada.
   D Porque la demandaban los organizadores.

3. A Para llegar a Aix-en-Provence.
   B Para ensayar en la Catedral.
   C Para rezar en la Catedral.
   D Para cambiar de cantante.

4. A Van a exhibirlo por primera vez.
   B Van a ponerlo en otra iglesia.
   C Van a cambiar su sitio.
   D Van a desplazarlo a Toledo.

5. A Quedan algo enfadados.
   B Aprueban la decisión.
   C Les parece un sacrilegio.
   D Les parece una imposibilidad.

6. A Establecer una academia.
   B Exhibir el cuadro.
   C Desplazarlo del lugar actual.
   D Consultarlo con la Academia.

7. A   Montar una exposición en Toledo.
    B   Probar su autenticidad.
    C   Comprarlo.
    D   Exhibirlo.

8. A   Habrían recibido mucho dinero.
    B   Habrían atraído a muchos turistas.
    C   Los especialistas habrían podido examinar el cuadro.
    D   Los norteamericanos habrían trasladado el cuadro.

9. A   Les pareció una idea luminosa.
    B   Se opusieron al proyecto.
    C   Vieron que los beneficios no valdrían la pena.
    D   No quisieron intervenir.

El Mundo de la Publicidad

10. A   A los fabricantes de aspiradores.
    B   A los que viven en Cabrera de Mar.
    C   A los que tienen hogares o industrias.
    D   A los propietarios de aspiradores Nilfisk.

11. A   Son muy baratos.
    B   No hacen mucho ruido.
    C   Son muy duraderos.
    D   Es posible invertirlos.

Crónica Deportiva La Copa del Generalísimo

12. A   Huelva 2 Vigo 1.
    B   Huelva 4 Vigo 1.
    C   Huelva 1 Vigo 2.
    D   Huelva 1 Vigo 4.

13. A   Por la derecha.
    B   De tiro raso.
    C   A los 14 minutos.
    D   De cabeza.

14. A   Doblas.
    B   Sanromán.
    C   Romero.
    D   Fernández Amado.

15. A Vigo 0 Huelva 0.
    B Vigo 1 Huelva 0.
    C Vigo 2 Huelva 0.
    D Vigo 2 Huelva 1.

16. A El Huelva logró acortar distancias.
    B Rivas marcó otros dos goles para el Celta.
    C El árbitro hizo muchos errores.
    D El Huelva marcó un tanto en el minuto inicial.

17. A Cumplió discretamente.
    B Concedió el gol de Poli.
    C Hubiera debido concederle otro tanto al Huelva.
    D Hubiera debido expulsar a Poli.

Comedia Radiofónica La vida con Mamá

18. A Sí, con don Fernando.
    B Sí, en la Boca del Asno.
    C No, a causa de sus hijos.
    D No, porque no puede ser.

19. A Ella abandonó a su marido.
    B Don Fernando la abandonó.
    C Ella engañó a Adela.
    D Se ha casado con otro.

20. A Porque viene a vivir con ellos.
    B Porque su mujer está allí.
    C Para conocer a la familia.
    D Para despedirse de los cuatro.

21. A Expulsar a sus hijos.
    B Casarse con don Fernando.
    C Ir a vivir en una pensión.
    D Instalar a don Fernando en la casa.

22. A De la reacción de los vecinos.
    B De cargarse de responsabilidades.
    C De que don Fernando abandone también a Adela.
    D De que don Fernando venga a vivir en el piso de abajo.

23. A No sabe qué decir.
    B Está entusiasmado.
    C Expresa la opinión de todos.
    D Está de acuerdo con Rafael.

24. A   Aburrida.
    B   Ocupadísima.
    C   Poco activa.
    D   Muy solitaria.

25. A   Venir a vivir con Adela.
    B   Cambiar su estilo de vida.
    C   Dejar de salir al teatro.
    D   Dejar las cosas tal como estaban.

SELECCION-ESPAÑA:

Segunda Prueba

Primera Sección

Primero, después de oír dos veces una serie de observaciones usted tiene que indicar cuáles son las personas que están hablando. ¿Quién habla?

1. A   Un peluquero.
   B   Un astrólogo.
   C   Un maquillador.
   D   Un modelo.

2. A   Un médico.
   B   Un carnicero.
   C   Un torero.
   D   Un cazador.

3. A   Un hombre de dotes prácticas.
   B   Un decorador del hogar.
   C   Un consejero matrimonial.
   D   Un dueño de hotel.

4. A   Una compositora.
   B   Una camarera.
   C   Una ama de casa inexperta.
   D   Una especialista en el arte de cocinar.

5. A   Un detective.
   B   Un ratero.
   C   Un contrabandista.
   D   Un electricista.

6. A   Un papelero.
   B   Un economista.
   C   Un editor.
   D   Un meteorologista.

Ahora, usted tiene que escoger entre las cuatro alternativas la contestación que más convenga. Usted oirá cada pregunta o observación dos veces.

7. A   En el jardín.
   B   Con gran dificultad.
   C   Hace algunos minutos.
   D   Un poco pálida.

8. A   Anda, mujer, me gustan las quinielas.
   B   Ya verás, un día me tocará la lotería.
   C   Vencimos por un gol a cero.
   D   Anda, mujer, a ti te toca jugar ahora.

9. A   Nadie se deja aconsejar por mí.
   B   Más valdría negarle la mano.
   C   No hay sino mi madre.
   D   Sí, busque usted quien le ayude.

10. A   ¿El martes? Está bien.
    B   ¿El miércoles? Sería algo difícil.
    C   No, el fin de semana no me conviene.
    D   Ayer no pude venir.

11. A   ¡Descuida, mamá!
    B   ¿Dejo correr las cosas?
    C   ¿Te corre prisa entonces?
    D   ¡Cuidado, mamá!

Segunda Sección

Situación: *En vísperas del Torneo Gamper de fútbol, uno de los clubs invitados, Boca Juniors de Buenos Aires, acaba de llegar con cinco horas de retraso a Barcelona. Un periodista entrevista a un hombre conocido de los aficionados españoles, Juan Carlos Lorenzo, actual entrenador del Boca. Después de oír dos veces las contestaciones de Juan Carlos Lorenzo, tendrá usted que escoger las preguntas que las han producido.*

12. A   ¿Cómo han podido ustedes llegar tan frescos?
    B   ¿Cuántos jugadores han quedado atrás lesionados?
    C   ¿Por qué se han ido ustedes directamente al entrenamiento?
    D   ¿Qué tal se encuentran los jugadores del Boca?

13. A   ¿Dónde juega el Boca por lo general?
    B   ¿Por qué han venido ustedes a Barcelona?
    C   ¿Cómo está usted al tanto de lo que ocurre aquí?
    D   ¿Cuál fue su inspiración siendo joven?

14. A   ¿Cuánto tiempo hace que está usted en Barcelona?
    B   ¿Qué sabe usted del Barcelona a distancia?
    C   ¿Cuánto tiempo lleva usted en Buenos Aires?
    D   ¿Qué sabe usted del Boca a distancia?

15. A   ¿Qué tal van las cosas con el Boca actualmente?
    B   ¿Qué tal van las cosas con el Barcelona actualmente?
    C   ¿Por qué es usted tan modesto respecto al prestigio del Boca?
    D   ¿Cuál es su mayor ambición futbolística?

16. A   ¿Cómo definiría usted el juego del Barcelona?
    B   ¿Cuál es el aspecto más tradicional de su juego?
    C   ¿En qué sentido es típico de Sudamérica el juego del Boca?
    D   ¿Cómo definiría usted el juego del Boca?

17. A   ¿Por qué sigue ganando el Barcelona sin Cruyff?
    B   ¿Cómo ve usted los éxitos pasados del Barcelona?
    C   ¿En qué sentido ha cambiado el Barcelona?
    D   ¿Por qué es incomprensible la táctica del Barcelona?

18. A   ¿Qué le parecería un partido contra el Barcelona?
    B   ¿Qué significaría para el Boca perder el torneo?
    C   ¿Cuántas veces ha acudido el Boca a este torneo?
    D   ¿Cuántas veces ha vencido el Barcelona?

19. A   ¿Cuál es el motivo de la participación del Barcelona?
    B   ¿Cuál es el equipo de más prestigio en el Gamper?
    C   ¿Por qué tienen todavía sus dudas sobre el torneo?
    D   ¿Por qué se sienten halagados los del Boca?

Tercera Sección

Para terminar esta prueba, van ustedes a oír una narración que se titula Los Franquistas Modernos. *La oirán dos veces.*

LOS FRANQUISTAS MODERNOS

20. A   El nacimiento de Franco.
    B   El ascenso de Franco.
    C   La muerte de Franco.
    D   La abdicación de Franco.

21. A   Gritando al entrar en la basílica.
    B   Aplaudiendo el acto.
    C   Protestando contra la agencia.
    D   Aclamando a la viuda.

22. A Una ceremonia sin política.
    B Una manifestación contra el Gobierno.
    C El reparto de la nota.
    D El comienzo del acto religioso.

23. A Al ver al presidente.
    B Al entrar en la basílica.
    C Al salir de la basílica.
    D Al salir de la explanada.

24. A El mandato de Franco.
    B La política del Gobierno.
    C La política de Fuerza Nueva.
    D Las virtudes de Franco.

25. A Es irresoluta y débil.
    B Es cruel e intolerante.
    C Busca la unidad española.
    D Acaba con los terroristas.